AF341686

LA VILLÉGIATURE

EN

FRANCHE-COMTÉ

Comment y venir

Comment y voyager

À PRIX RÉDUITS

LISTE D'HOTELS
PENSIONS ET LOGEMENTS
POUR SÉJOUR D'ÉTÉ

1914-1915

SYNDICAT D'INITIATIVE
DE BESANÇON ET DE LA FRANCHE-COMTÉ
ROND-POINT DES BAINS SALINS
BESANÇON

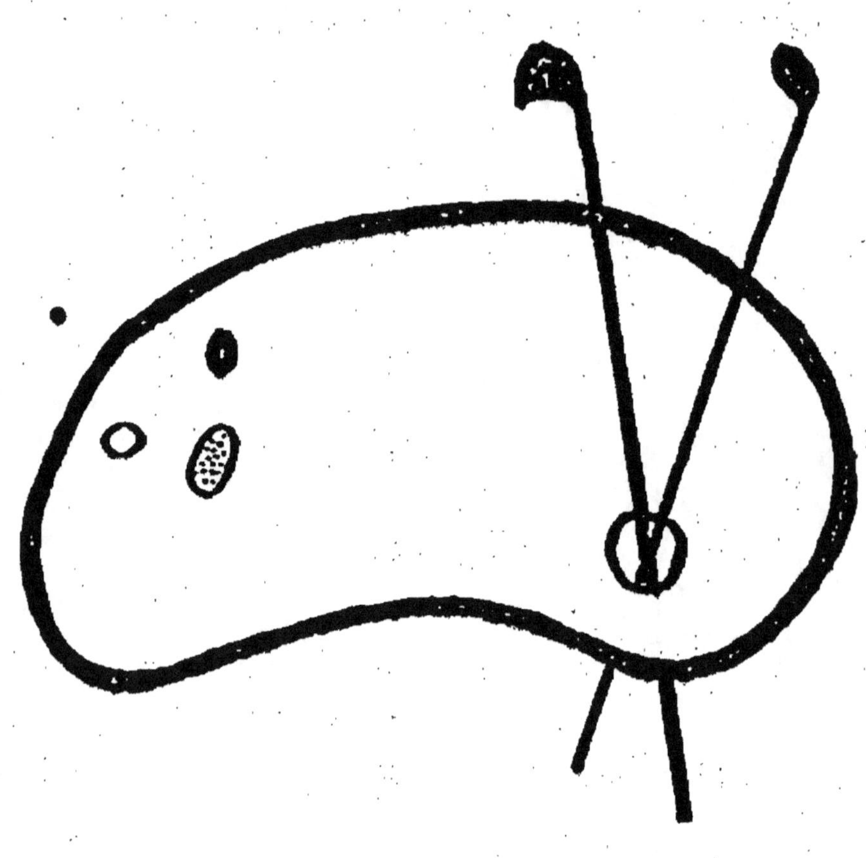

FIN D'UNE SERIE DE DOCUMENTS
EN COULEUR

LA VILLÉGIATURE

EN

FRANCHE-COMTÉ

Comment y venir

Comment y voyager

A PRIX RÉDUITS

LISTE D'HOTELS

PENSIONS ET LOGEMENTS

POUR SÉJOUR D'ÉTÉ

1914-1915

SYNDICAT D'INITIATIVE
DE BESANÇON ET DE LA FRANCHE-COMTÉ
ROND-POINT DES BAINS SALINS
BESANÇON

MOYENS PRATIQUES
pour se rendre en Franche - Comté
ET Y VOYAGER A PRIX RÉDUITS

Sous une forme sommaire, les quelques tableaux qui suivent exposent, par catégories, les diverses combinaisons qui s'offrent au touriste pour se rendre en Franche-Comté.

Leur lecture fera découvrir le genre de billet convenant le mieux, tant au point de vue du prix que de la durée de validité; on y trouvera aussi les combinaisons s'appliquant à des voyages à effectuer en Franche-Comté au cours des villégiatures.

La table qui les précède permettra au lecteur de se reporter rapidement aux renseignements qui lui sont nécessaires et les schémas intercalés dans le texte feront encore mieux ressortir les itinéraires et les prix des divers parcours.

Toutefois, en prévision des modifications qui pourraient être apportées ultérieurement dans les tarifs, MM. les Voyageurs ou Touristes sont instamment priés, quelques jours avant leur départ, en remettant leur demande de billet à l'administration des Chemins de fer, de consulter les documents officiels mis à leur disposition dans les gares ou de se renseigner

au Siège du Syndicat d'Initiative
Rond-Point des Bains Salins, à Besançon

Il sera répondu immédiatement à leurs demandes.

TABLE ANALYTIQUE

§ 1. — COMBINAISONS GÉNÉRALES

a) Billets individuels.

Aller et retour ordinaires.
Aller et retour de stations thermales P. L. M.
Cartes à 1/2 tarif { Départementales P. L. M.
{ P. L. M. et Tous réseaux.
Cartes d'abonnement P. L. M. et Tous réseaux.

Billets circulaires { Tarif G. V.   5 P. L. M.
{ — 105 P. L. M.-Est.
{ — 105 Tous réseaux.
{ — 205 Réseaux français et algériens.
{ — 205 Internationaux (Chemins de fer européens).

b) Billets collectifs et de Famille.

Aller et retour de famille.
Aller et retour de stations thermales (tous réseaux).

P. L. M. { de saison.
{ d'arrière-saison.
Billets de vacances P. L. M. et Tous réseaux { Pâques.
{ Grandes vacances
Cartes d'abonnement de famille P. L. M. et Tous réseaux.

Billets circulaires { Tarif G. V.   5 P. L. M.
{ — 105 P. L. M.-Est.
{ — 105 Tous réseaux.
{ — 205 Réseaux franç. et algériens

§ 2. — COMBINAISONS SPÉCIALES A LA RÉGION DES MONTS JURA

(Cette région s'étend de Belfort à Bellegarde (Ain)

a) Billets individuels.

Carte d'excursions, zone D (Jura) P. L. M.
Voyages circulaires à itinéraires fixes au départ de Paris P. L. M.
Grands circulaires au départ de Paris P. L. M et de Besançon.
Circulaires régionaux (Jura).
Billets spéciaux de vacances au départ de Paris P. L. M.

b) Billets de famille.

Carte d'excursions de famille zone D (Jura).
SERVICES AUTOMOBILES. — Circuit du Doubs.
Jonction du service du Doubs et des services de la Faucille.

CHEMINS DE FER D'INTÉRÊT LOCAL.
SERVICE D'AUTOBUS du département du Doubs.

Renseignements sur chacun des billets énumérés ci-dessus.

§ 1. — Combinaisons Générales.

a) Billets individuels.

NATURE DES BILLETS	RÉSEAUX PARTICIPANTS	PÉRIODE DE DÉLIVRANCE	DURÉE DE VALIDITÉ (avec prolongation P.) (sans prolongation S. P.)	CONDITIONS DE DÉLIVRANCE
Aller et retour ordinaires	P. L. M. Est-P. L. M. P. O.-P. L. M. Midi-P. L. M.	toute l'année	2 j. jusqu'à 50 kil. 3 j. de 51 à 100 kil. 1 j. en plus par 100 k. ou fraction de 100 k. (P) Valid. exceptionnelle pour certaines fêtes	Sans condition de parcours minimum. Réduction de 25 % en 1re cl. et de 20 % en 2e et 3e cl. sur les prix du tarif général.
Aller et retour de stations thermales	P. L. M.	1er mai au 31 octobre	10 jours non compris les jours de départ et d'arrivée. (P)	Itinéraires et arrêts facultatifs. Mêmes prix que les A. R. ordinaires. Peuvent être délivrés en ce qui concerne la région du Jura p' *Baume-les-Dames,* (Guillon-les-Bains), *Besançon, Lous-le-Saunier, Salins*
Cartes 1/2 tarif — départementales	P. L. M.	toute l'année	6 mois et 1 an S. P.	Nominatives et personnelles. Permettent au voyageur de prendre des billets 1/2 tarif de la classe correspondant à sa carte pour une gare du département choisi ou pour une gare du P. L. M. ou d'un quelconque des grands réseaux.
Cartes 1/2 tarif — P. L. M. 3 réseaux 7 réseaux	tous	toute l'année	3 mois, 6 mois, 1 an S. P.	
Cartes d'abonnement	tous	toute l'année	3 mois. — 6 mois 9 mois. — 1 an. S. P.	Permettant au voyageur de circuler à volonté autant de fois qu'il le désire, sur le parcours qu'il a déterminé ; ce parcours ayant été payé au retrait de la carte. Prix réduits de 50 %, pour étudiants. Très avantageuses pour les personnes villégiaturant à la campagne et devant se rendre journellement à la ville.
Billets Circulaires — Tarif G. V. 5	P. L. M. et Cies second. P. L. M.-Est tous	toute l'année	30 j. jusqu'à 1500 k. 45 j. de 1501 à 3000 k. 60 j. au-des. de 3000 k. (P)	Minimum de parcours 300 kil. Itinéraire établi au gré du voyageur suivant les descriptions des tarifs indiqués. Réduction croissante suivant le parcours kilométrique. Les billets circulaires du tarif G. V. 5, P. L. M. peuvent comprendre un ou plusieurs parcours en auto-cars de la route du Jura et du circuit du Doubs ainsi que des parcours sur les ch. de fer régionaux de Morteau à Maîche, de Bellegarde à Chézery et en voiture automobile de Maîche à St-Hippolyte.
Billets Circulaires — Tarif G. V. 205	tous réseaux franç. et algér.	id.	90 j. (P)	
Billets Circulaires — Tarif G. V. 205 Union des chemins de fer européens).	tous	toute l'année	60 j. jusqu'à 3000 k. 90 j. de 3001 à 5000 k. 120 j. au-des. de 5000 k. (S. P.)	Minimum de parcours 600 kil. Doit comprendre au moins un parcours étranger. Sans franchise de bagages, même sur les parcours français.

b) Billets collectifs ou de famille.

NATURE DES BILLETS	PÉRIODES DE DÉLIVRANCE	RÉSEAUX PARTICIPANTS	DURÉE DE VALIDITÉ (avec prolongation P.) (sans prolongation S. P.)	CONDITIONS DE DÉLIVRANCE
Aller et retour collectifs de famille	toute l'année	P. L. M.	Même validité que les A. et R. individuels	Minimum de parcours simple 100 kil. 4 personnes au moins place entière. 3 billets A. R. pour les trois premières personnes et 1 billet simple pour la 4e et chacune des suivantes.
Aller et retour de station thermale	du jeudi précédant les Rameaux au 31 octobre	tous, avec condition d'emprunt de 2 réseaux au moins	33 jours (P)	Minimum de parcours A. R., 300 kil. ou 500 kil. pour relations Ouest-P. L. M. 4 personnes au moins place entière. 6 billets simples pour les 3 premières personnes, 1 billet simple pour chaque membre de la famille en plus.
Aller et retour de station thermale (Billet de saison)	1er mai au 15 octobre	P. L. M.	33 jours (P)	Parcours simple minimum, 150 kil. 3 personnes au moins. 4 billets simples pour les 2 premières. 1 billet simple pour la 3e, la moitié de ce prix pour la 4e et chacune des suivantes.
Aller et retour de station thermale (Billet d'arrière-saison)	1er septembre au 15 octobre	P. L. M.	33 jours (P)	Parcours simple minimum, 150 kil. 2 personnes au moins. 2 billets simples pour la 1re; 1 billet simple pour la 2e, la moitié de ce prix pour la 3e et chacune des suivantes. Combinaison la plus économique.
Aller et retour de vacances { Pâques / grandes vacances }	du jeudi précédant les Rameaux au lundi de Pâques, / du 15 juin au 30 septemb.	tous / tous	33 jours (P) / jusqu'au 5 novembre (S. P.)	Parcours simple minimum, 150 kil. 3 personnes au moins. 4 billets simples pour les 2 premières, 1 billet simple pour la 3e, la moitié de ce prix pour la 4e et chacune des suivantes.
Cartes d'abonnement de famille	toute l'année	P. L. M.	3 mois, 6 mois 9 mois, 1 an (S. P.)	Réductions suivantes sur les prix de la carte d'abonnement pour celles destinées aux membres d'une même famille et souscrites en même temps : pour la 2e carte 20 %, pour la 3e 30 %, pour la 4e et les suivantes, 40 %.
Billets circulaires collectifs ou de famille	toute l'année	G.V. 5 P. L. M. G.V. 105 P.L.M. id. P. L. M.-Est G. V. 105 tous G.V.105 réseaux français et algériens	Même validité que les billets circulaires individuels	Offrent sur les prix d'un billet circulaire des réductions de 10 % pour la 3e personne et de 25 % pour la 4e. Se renseigner dans les gares au sujet du minimum de perception.

PRIX DE QUELQUES BILLETS COLLECTIFS

EN 3ᵉ CLASSE

Pour les Stations thermales de la région du Jura

Pour BESANÇON

DE	BILLETS de station thermale (tous réseaux)			BILLETS de VACANCES ou Billets de Station thermale P.L.M. (Billets de saison)			BILLETS DE STATION THERMALE P.L.M. (Billets d'arr.-saison)		
	4 personnes	5 personnes	Chaque personne en plus	3 personnes	4 personnes	Chaque personne en plus	2 personnes	3 personnes	Chaque personne en plus
Paris.........	—	—	—	100 10	110 10	10 00	60 10	70 10	10 00
Lyon..........	—	—	—	51 35	59 75	5 40	32 65	38 05	5.40
Marseille......	—	—	—	139 60	153 55	13 95	83 80	17 75	13 95
Reims.........	137 30	156 90	19.60	98 10	107 90	9 80	—	—	—
Nancy.........	79 90	91 30	11 40	57 10	62 80	5 70	—	—	—
Nantes	241 40	279 30	31 90	171 60	192 05	17 45	—	—	—
Bordeaux......	259 80	296 90	37 10	185 60	204 15	18 55	—	—	—

INDICATION DES LIGNES EMPRUNTÉES

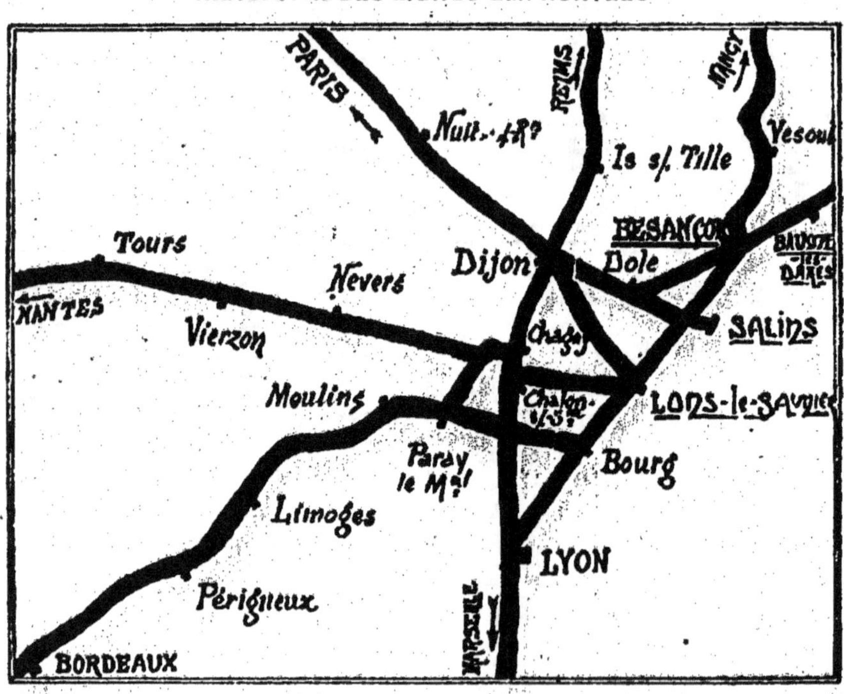

Pour BAUME-LES-DAMES (GUILLON-LES-BAINS)

DE	BILLETS DE STATION THERMALE (tous réseaux)			BILLETS de VACANCES ou Billets de Station thermale P.L.M. (Billets de saison)			BILLETS DE STATION THERMALE P.L.M. (Billets d'arr.-saison)		
	4 personnes	5 personnes	Chaque personne en plus	3 personnes	4 personnes	Chaque personne en plus	2 personnes	3 personnes	Chaque personne en plus
Paris..........	—	—	—	108 10	118 90	10 80	64 90	75 70	10 80
Lyon..........	—	—	—	62 10	68 30	6 20	37 20	43 40	6 20
Marseille......	—			117 35	112 10	14 75	88 45	103 20	11 75
Reims..........	148 50	169 70	21 20	106 10	116 70	10 60	—	—	—
Nancy..........	90 75	103 70	12 95	65 05	71 55	6 50	—	—	—
Nantes.........	255 25	291 70	36 45	182 35	200 60	18 25	—	—	—
Bordeaux.......	271 00	309 70	38 70	193 60	212 95	19 35	—	—	—

Pour LONS-LE-SAUNIER

DE	BILLETS DE STATION THERMALE (tous réseaux)			BILLETS de VACANCES ou Billets de Station thermale P.L.M. (Billets de saison)			BILLETS DE STATION THERMALE P.L.M. (Billets d'arr.-saison)		
	4 personnes	5 personnes	Chaque personne en plus	3 personnes	4 personnes	Chaque personne en plus	2 personnes	3 personnes	Chaque personne en plus
Paris..........	—	—	—	100 60	110 65	10 05	60 40	70 45	10 05
Lyon..........	—	—	—	37 10	40 80	3 70	22 30	26 00	3 70
Marseille......	—	—		117 35	129 10	11 75	70 45	82 20	11 75
Reims..........	138 00	157 70	19 70	98 60	108 45	9 85	—	—	—
Nancy..........	111 05	125 90	15 85	79 35	87 30	7 95	—	—	—
Nantes.........	221 30	252 90	31 60	158 10	173 90	15 80	—	—	—
Bordeaux.......	245 80	280 90	35 10	175 60	193 15	17 55	—	—	—

Pour SALINS

DE	BILLETS DE STATION THERMALE (tous réseaux)			BILLETS de VACANCES ou STATION THERMALE P.L.M. (tous réseaux)			BILLETS DE STATION THERMALE P.L.M. (Billets d'arr.-saison)		
	4 personnes	5 personnes	Chaque personne en plus	3 personnes	4 personnes	Chaque personne en plus	2 personnes	3 personnes	Chaque personne en plus
Paris..........	—	—	—	98 60	108 45	9 85	98 60	108 45	9 85
Lyon..........	—	—	—	45 85	50 45	4 60	27 55	32 15	4 60
Marseille......	—	—	—	131 35	144 50	13 15	78 85	92 00	13 15
Reims..........	131 85	154 10	19 25	96 35	106 60	9 65	—	—	—
Nancy..........	96 35	110 10	13 75	68 85	75 70	6 85	—	—	—
Nantes.........	212 30	276 90	31 60	173 10	190 40	17 30	—	—	—
Bordeaux.......	257 70	291 50	36 80	110 50	128 90	18 40	—	—	—

Les prix en 2ᵉ et en 1ᵉ classe sont dans la même proportion avec la 3ᵉ classe que pour les billets simples.

PRIX ET ITINÉRAIRES DE BILLETS CIRCULAIRES

au départ de certaines villes de France et de l'Etranger

avec passage ou séjour dans les Stations thermales de la région du Jura.

Pour Besançon :

De **Paris** *via* Laroche, Dijon; retour par Vesoul, Chaumont, Troyes, ou *vice-versa*. - 1er cl., 75.10; 2e cl., 54.10; 3e cl., 37.10.

De **Reims**, *via* Paris, Dijon; retour par Dijon, Chaumont, Chalons ou *vice-versa*. — 1er cl., 82.10; 2e cl., 61.10; 3e cl., 41.10.

De **Lyon** *via* Macon, Dijon; retour par Lons-le-Saunier, Bourg ou *vice-versa*. — 1er cl. 48.10, 2e cl., 35.10; 3e cl., 23.10.

De **Marseille** *via* Avignon, Lyon; retour par Bourg, Grenoble et Gap ou *vice versa*. — 1er cl., 104.10; 2e cl., 74.10; 3e cl., 51.10.

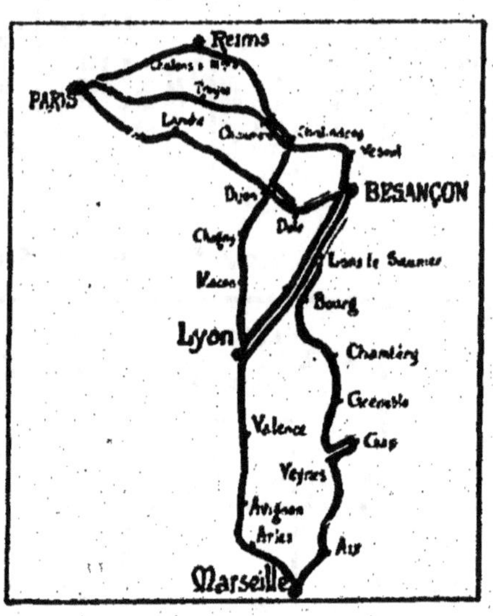

Pour Baume-les-Dames :

De **Nancy** *via* Blainville, Epinal, Belfort; retour par Besançon, Dijon, Chalindrey ou *vice versa*. — 1er cl., 52.10; 2e cl. 38.10; 3e cl., 25.10.

De **Nantes** *via* Angers, Tours, Paris, Dijon, Besançon; retour par Chagny, Dijon, Vierzon ou *vice versa*. — 1er cl., 163.70; 2e cl. 110.90; 3e cl., 72.70.

De **LYON**, *via* Bourg, Lons-le-Saunier, Besançon; retour par Besançon, Dijon, Macon ou *vice versa*.— 1er cl., 57.50; 2e cl., 39.20; 3e cl., 25.90.

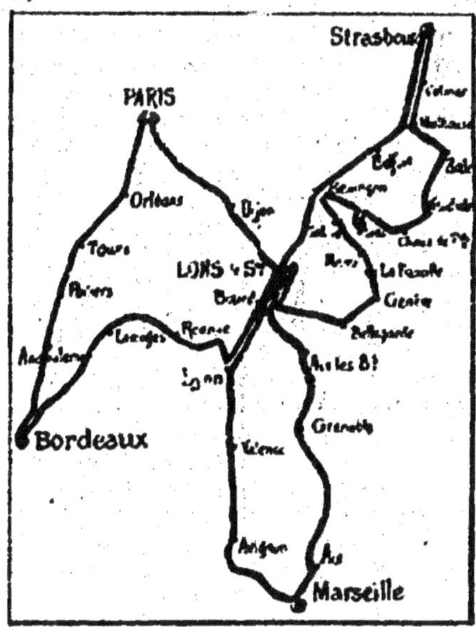

Pour Lons-le-Saunier:

De Strasbourg, *via* Colmar, Mulhouse, Besançon, Lons, Bourg, Genève (*auto-car de Genève à Besançon*), Lods, Chaux-de-Fonds. Neuchatel, Bâle, Mulhouse, ou *vice versa*. — 1re cl., 101 marks 10; 2e cl., 79 marks 90; 3e cl., 63 marks 50, non compris la confection du livret.

De Bordeaux, *via* Angoulême, Tours, Paris, Dijon; retour par Lyon, Roanne, Angoulême ou *vice versa*. — 1re cl., 155 »; 2e cl., 105 »; 3e cl., 68.80.

De Marseille, *via* Avignon, Lyon retour par Aix-les-Bains, Grenoble ou *vice versa*. — 1re cl., 90.10; 2e cl., 65.10; 3e cl., 44.10.

Pour Salins :

De Paris, *via* Dijon, Mouchard; retour par Besançon, Vesoul, Chaumont ou *vice versa*. — 1re cl., 75.10; 2e cl., 64.10; 3e cl., 37.10.

De Mulhouse, *via* Belfort, Besançon, Salins, Lons, Morez, Genève, Lausanne, Pontarlier, Neuchatel, Bâle ou *vice versa*. — 1re cl., 66 marks 30; 2e cl., 39 m. 60; 3e cl., 28 m. 60, non compris les frais de confection du livret. — Ajouter 43 m. 80 aux prix ci-dessus lorsque le *Circuit du Doubs en auto-car* est effectué (au départ de Besançon seulement).

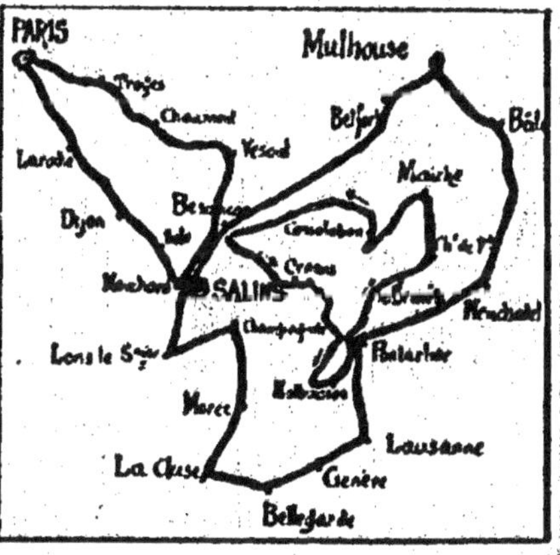

---

§ 2. — Combinaisons spéciales au Jura

---

a) Billets Individuels.

Cartes d'excursions (Zone D) Jura

Délivrées au départ de toutes les gares P.-L.-M. seulement :
1° Du jeudi précédant les Rameaux au lundi de Pâques inclus :
2° Du 15 juin au 15 septembre inclus :

Donnent droit :

A la libre circulation pendant 15 ou 30 jours sur les lignes de la zône indiquées en caractères gras sur la carte ci-après :

A un voyage aller et retour avec arrêts facultatifs aux gares intermédiaires entre le point de départ et l'une quelconque des gares du périmètre de la zône

Lorsque le voyage aller et retour excède 300 kil., les prix des cartes sont augmentés par kil. en plus de 0 fr. 065 en 1re cl., 0 fr. 045 en 2e cl., et 0 fr. 03 en 3e cl.

Ces cartes peuvent être prolongées sans que leur validité puisse dépasser le 16 octobre.

Les prix portés sur la carte comprennent ceux des parcours d'accès à la zone D.

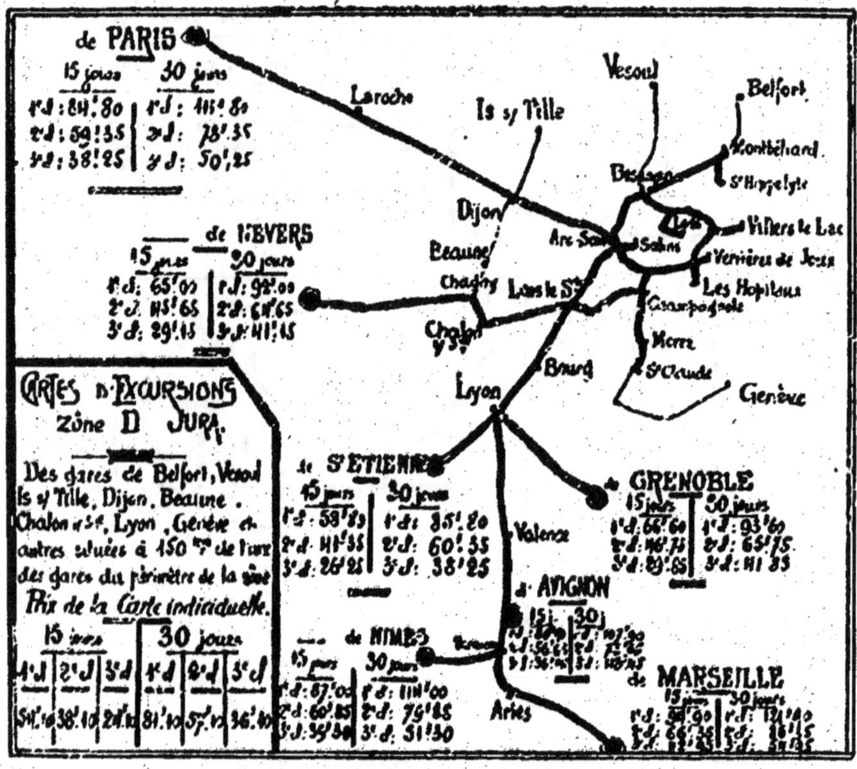

Voyages circulaires à itinéraires fixes au départ de Paris

Les billets délivrés pour ces voyages comprennent la visite ou la traversée du Jura et d'une partie de la Suisse.

Validité 45 et 60 jours, sans prolongation. Prix spéciaux pour les 3 classes avec importantes réductions. Arrêts facultatifs sur le parcours permettant l'utilisation des Circulaires régionaux « Jura ».

Délivrance des billets toute l'année.

Grands circulaires " Jura " et " Jura-Route des Alpes "

Le Grand Circulaire « Jura » a pour objet la visite du massif du Jura en utilisant les Services automobiles du Circuit du Doubs, de Besançon à Morez et de la Faucille.

Les Grands Circulaires Jura-Route des Alpes ajoutent à cette visite celle des Alpes Françaises.

Validité pour chacun de ces circulaires : 45 jours ; peut être prolongée.

Billets délivrés du 15 juin au 15 septembre.

Arrêts facultatifs aux gares intermédiaires et aux points extrêmes de chaque coupon.

Des billets d'aller et retour spéciaux, valables également 45 jours, sont délivrés à toutes les gares P.-L.-M. pour rejoindre l'itinéraire de ces grands circulaires.

Ces derniers comportent une réduction de 40 à 50 % environ sur les parcours en chemin de fer et de 20 % sur les parcours automobiles.

PRIX DES PLACES AU DÉPART DE PARIS OU DE BESANÇON

DÉSIGNATION DU BILLET	ITINÉRAIRE	1re cl.	2e cl.
Grand circulaire " Jura " (Point de dép. : Paris)	PARIS-Besançon (ch. de fer). Besançon-Villers-le-Lac. Besançon (Circuit du Doubs) auto-cars. Besançon — Genève ou Chézery ou St-Claude — autos-car. Genève ou Chézery ou St-Claude à PARIS ch. de fer.	165.10	140.10
Grand circulaire Jura-Route des Alpes — Besançon-Evian-Nice et retour à Besançon ou vice versa	BESANÇON, Pontarlier, Besançon en auto-cars (Circuit du Doubs). Besançon, Morez, la Faucille, Genève, auto-cars. Genève E.-V., Evian (ch. de fer). Evian-Nice par la route des Alpes (auto-cars et chemin de fer). Nice-BESANÇON (ch. de fer).	310.10	290.10
Grand circulaire Jura-Route des Alpes — Paris-Besançon Evian-Nice ou vice versa	PARIS-Besançon (chemin de fer). Besançon, Pontarlier, Besançon (Circuit du Doubs. — Auto-cars). Besançon, Morez, la Faucille, Genève (auto-cars). Genève E.-V., Evian (ch. de fer). Evian-Nice par la route des Alpes (auto-cars et chemin de fer). Nice-PARIS (chemin de fer).	370.10	330.10

Circulaires régionaux (Jura)

Doivent comprendre des parcours en auto-cars et en chemin de fer, ces derniers en 1re et 2e classe seulement. L'itinéraire doit former un circuit fermé et ramener le voyageur à son point de départ.

Validité : 10 jours, prolongeable. Réduction de 25 % en 1re cl., 20 % en 2e cl., et 10 % sur voitures automobiles.

Conviennent aux personnes titulaires d'un billet de séjour et désirant effectuer en auto-car la visite d'une partie du Jura.

Emission du 15 juin au 30 septembre.

Délivrance dans les 2 heures, dans les principales gares de la région du Jura, 2 jours dans les autres gares.

Arrêts facultatifs aux gares intermédiaires et aux points extrêmes de chaque coupon.

Des villes ci-dessous à *Besançon* par chemin de fer, première étape du Circuit du Doubs en auto-car (source de la Loue, lac de saint-Point, saut du Doubs), retour par chemin de fer depuis Villers-le-Lac.

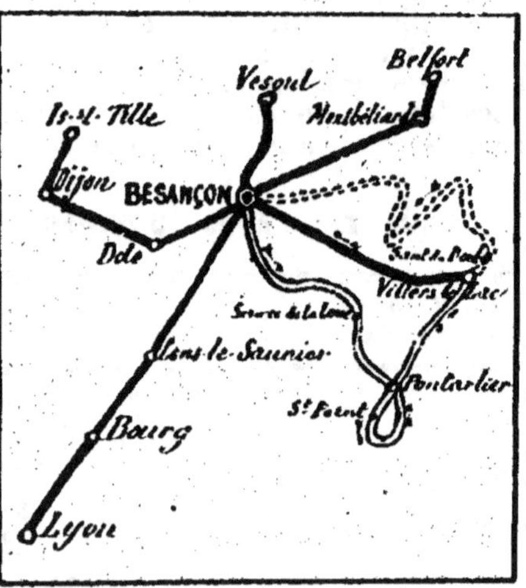

Is-sur-Tille, 1re cl., 54.65 ; 2e cl., 47.30.
Dijon, 1re cl., 49.95 ; 2e cl. 43.90.
Dole, 1re cl., 42.05 ; 2e cl., 38.20.
Lyon, 1re cl., 71.45 ; 2e cl., 59 40.
Bourg, 1re cl., 60.35 ; 2e cl., 51.40.
Lons-le-Saunier, 1re cl., 49.65 ; 2e cl. 43.60.
Vesoul, 1re cl., 45.05 ; 2e cl., 40.40.
Belfort, 1re cl., 50.65 ; 2e cl., 41 30.
Montbéliard, 1re cl., 47.65 ; 2e cl., 42.10.

Dans le cas où le *Circuit du Doubs* en auto-car serait effectué entièrement, les prix ci-dessus devraient être augmentés de 20 fr. 75 en 1re cl., et de 22 fr. 50 en 2e cl., déduction faite du parcours en chemin de fer Villers-le-Lac-Besançon.

Des villes ci-dessous à Besançon et Villers-le-Lac par chemin de fer, 2e étape du Circuit du Doubs en auto-car (Gorges du Doubs, Consolation, vallée de l'Audeux), retour par chemin de fer depuis Besançon.

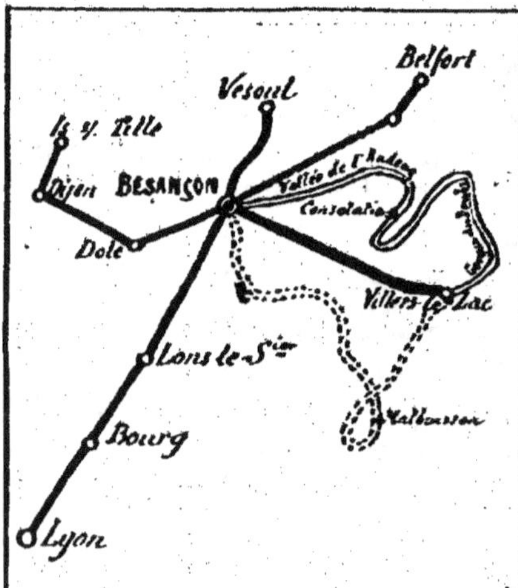

Is-sur-Tille, 1re cl., 54.45 ; 2e cl., 47.10.
Dijon, 1re cl., 49.75 ; 2e cl., 43.78.
Dole, 1re cl., 41.85 ; 2e cl., 38 ».
Lyon, 1re cl., 71.25 ; 2e cl., 59.20.
Bourg, 1re cl., 60.15 ; 2e cl., 51.20.
Lons-le-Saunier, 1re 49.45 ; 2e cl., 43.40.
Vesoul, 1re cl., 41.85 ; 2e cl., 40.20.
Belfort, 1re cl., 50.45 ; 2e cl., 44.10.
Montbéliard, 1re cl., 47 15 ; 2e cl. 41.90.

Des villes ci-dessous, 1º en chemin de fer à Besançon; 2º en auto-car de Besançon à Saint-Claude par la source du Lizon, le belvédère du Saugeot, Morez, La Faucille; retour par chemin de fer.

Is-sur-Tille, 1re cl., 82.15; 2e cl., 71.10.
Dijon, 1re cl., 77.43; 2e cl., 67.70.
Dole, 1re cl., 69.55; 2e cl., 62 ».
Lyon, 1re cl., 72.95; 2e cl. 61.40.
Bourg, 1re cl., 61.85; 56.40.
Lons-le-Saunier, 1re cl., 61.85; 2e cl., 56.40.
Vesoul, 1re cl., 72.55; 2e cl, 61.20.
Belfort, 1re cl., 78.15; 2e cl., 68.10.
Montbéliard, 1re cl., 75.15; 2e cl., 65.90.
Besançon, 1re cl., 61.85; 2e cl. 56.40.

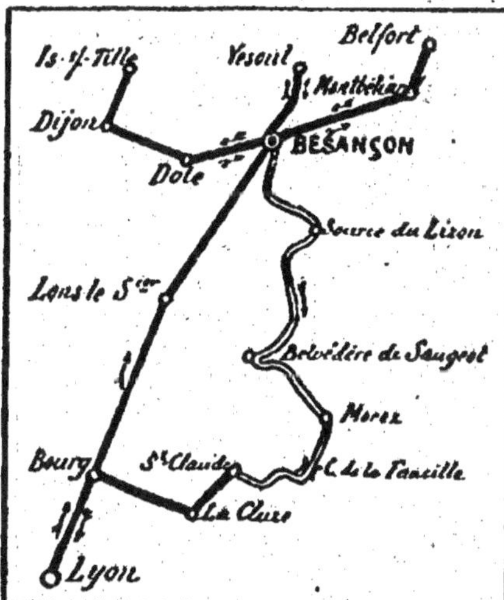

Des villes ci-dessous, 1º en chemin de fer à Lyon et Genève; 2º en auto-car de Genève à Besançon, par La Faucille, Morez, Bonlieu, Salins, source du Lizon; retour par chemin de fer.

Is-sur-Tille, 1re cl., 91.20; 2e cl., 79.50.
Dijon, 1re cl., 89.50; 2e cl., 76.10.
Dole, 1re cl., 81.60; 2e cl., 70.40.
Lyon, 1re cl., 73.90; 2e cl. 64.80.
Bourg, 1re cl., 73.90; 2e cl. 64.80.
Lons-le-Saunier, 1re cl., 73.90; 2e cl., 64.80.
Belfort, 1re cl., 90.20; 2e cl., 76.50.
Montbéliard, 1re cl., 87.20, 2e cl., 74.30.
Besançon, 1re cl., 73.90; 2e cl. 64.80.
Vesoul, 1re cl., 81.60; 2e cl., 72.50.
Genève, 1re cl., 73.90; 2e cl., 64.80.

Billets d'aller et retour spéciaux de vacances dans le Jura

Délivrés à l'occasion de la mise en marche de trains spéciaux partant de Paris vers le milieu d'août.

Valables jusqu'au mois d'octobre sans prolongation.

Offrent des réductions de 40 % sur les prix du tarif général.

Sont émis par les gares et bureaux de Ville de Paris pour les principales stations du Jura Français.

Les circulaires régionaux forment le complément des billets de cette nature.

Cartes d'excursions de famille (Zone D, Jura)

Doivent être souscrites en même temps pour les membres d'une même famille et pour le même parcours.

Réduction : 10 % sur la 2ᵉ carte; 20 % sur la 3ᵉ carte; 30 % sur la 4ᵉ carte; 40 % sur la 5ᵉ carte; 50 % sur la 6ᵉ carte et chacune des suivantes.

Même durée de validité que celle des cartes individuelles.

Plus économiques à certaines familles que le billet de vacances et remplaçant avantageusement ce dernier lorsque les membres de la famille excursionnent fréquemment dans la région.

Une famille de 6 personnes habitant Lyon et voulant excursionner pendant 15 jours dans le Jura Français, n'aurait à payer au chemin de fer que la somme de 243 fr. 10 en 1ʳᵉ cl., 171 fr. 10 en 2ᵉ cl., 108 fr. 10 en 3ᵉ cl., alors que le prix de 6 aller et retour de Lyon à Montbéliard, serait de 300 fr. 90 en 1ʳᵉ cl., 216 fr. 90 en 2ᵉ cl., 141 fr. 60 en 3ᵉ cl.

La carte individuelle d'excursions (zône D. Jura) et, à plus forte raison, la carte de famille devrait donc, pour toutes les personnes habitant Lyon, remplacer le billet d'aller et retour.

SERVICES AUTOMOBILES

La Compagnie P.-L.-M., qui avait créé en 1913 un service automobile de tourisme dans la région du Haut-Jura, partant de la Faucille et aboutissant à Morez et à Saint-Claude, complète cette année son programme en organisant : 1° un service circulaire partant de Besançon et y revenant après deux jours d'excursion, aux sites les plus pittoresques du département du Doubs ; 2° un service de raccordement entre la Faucille et Besançon par Morez.

Ces deux services fonctionneront tous les jours, du 1ᵉʳ juillet au 15 septembre, soit pendant une période de 77 jours ; en voici les itinéraires et les étapes :

Circuit du Doubs (308 kilomètres)

Première journée (154 kil. 500). — Départ de Besançon (gare Viotte), vers sept heures. Beure, Epeugney, Scey-en-Varais, Maizières, Ornans, Mouthier, Saint-Gorgon, Ouhans, source de la Loue, Goux-les-Uziers, Pontarlier, Saint-Point, Tour du lac de Saint-Point (côté sud), Malbuisson (12 heures). Déjeuner à Malbuisson. Départ de Malbuisson vers 13 h. 20. Le hameau de la Gauffre que domine la Roche sarrazine, la Cluse-et-Mijoux, Pontarlier, Montbenoît (visite de l'Abbaye), Morteau, Villers-le-Lac, arrivée à 16 heures. Visite des bassins du Doubs en canot automobile et excursion à pied au Saut-du-Doubs. Dîner et coucher aux Brenets (Suisse).

Deuxième journée (153 kil. 500). — Départ des Brenets à 7 heures. Le Locle, La Chaux-de-Fonds, Maison-Monsieur, Biaufond. Rentrée en territoire français par la Cendrée, merveilleux panorama sur les Gorges du Doubs, Charquemont, Maîche, Frambouhans, Le Luhier, belvédère de la Roche-du-Prêtre (vue impressionnante sur le cirque boisé de Consolation et la vallée du Dessoubre), Fuans, Consolation vers 11 h. 55 ; déjeuner. Départ de Consolation vers 14 h. 30. Vallées du Dessoubre et de la Réverotte, la Roche-sous-Velle, Pierrefontaine-les-Varans, vallée et cascade de l'Audeux, l'Abbaye de la Grâce-Dieu, Naneray, fort de Montfaucon, le Trou-au-Loup, Morre, la Porte-Taillée, Besançon, 18 heures.

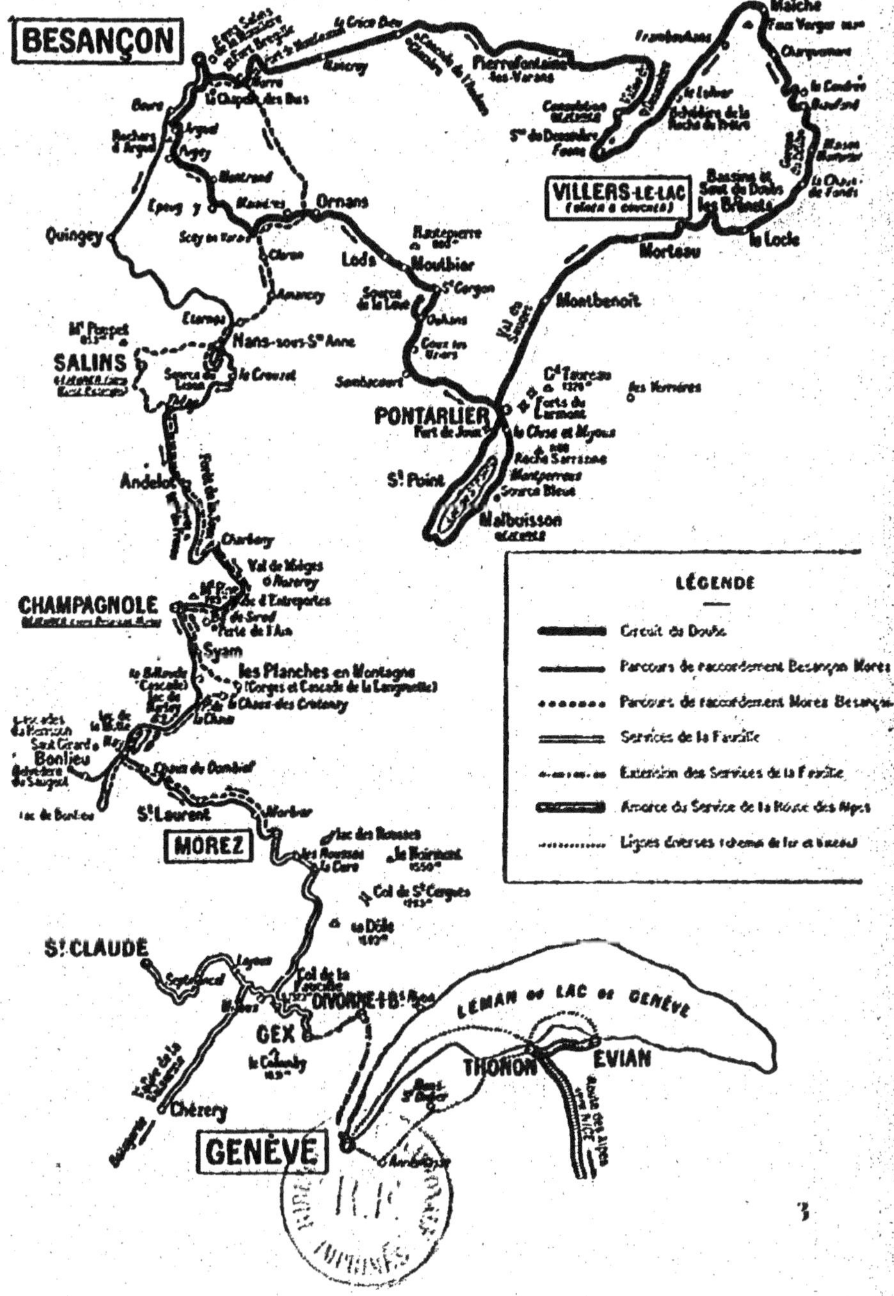

Jonction du service du Doubs et des services de la Faucille (319 kil.)

Parcours Besançon-Morez (158 kil.). — Départ de Besançon (gare Viotte), vers 7 heures, Beure, Quingey, Eternoz, Nans-sous-sainte-Anne, source du Lizon, Nans-sous-Sainte-Anne, le Pont-du-Diable, Thézy, Andelot, val des Nans, Charbony, Champagnole (12 h. 15, déjeuner). Départ de Champagnole à 13 h. 45, Syam, La Billaude, le Pont-de-la-Chaux, lacs de Narlay et de la Motte, Ilay, Bonlieu, belvédère de Saugeot, vue sur les cascades du Hérisson et du val de Chambly, lac de Bonlieu, la Chaux-du-Dombief, St Laurent, Morez (18 heures). Dîner et coucher.

Parcours Morez-Besançon (161 kil.). — Départ de Morez (gare) vers 7 h. 15. Saint-Laurent, la Chaux-du-Dombief, lac de Bonlieu, Ilay, lacs de la Motte, de Narlay et Maclus, le Pont-de-la-Chaux, la Chaux-des-Crotenay, Les Planches-en-Montagne, Syam, Champagnole, Charbony, val des Nans, Andelot, Thésy, Salins (11 h. 35, déjeuner). Départ de Salins vers 13 heures. Nans-sous-Sainte-Anne, Eternoz, Amancey, Cléron, Scey-en-Varais, Maizières, Ornans, Tarvenay, Morre, Porte-Taillée, Besançon, 18 heures.

Extension des services de la Faucille

Les services de la Faucille ouverts aux touristes comprennent un voyage aller et retour journalier entre La Faucille et Morez, La Faucille et Saint-Claude, La Faucille et Chézery et deux voyages journaliers dans chaque sens entre La Faucille et Gex. Cette organisation est complétée par une extension de la ligne de Gex jusqu'à Genève (29 kilom.), par Divonne, Versoix et les bords du Léman.

De Nice à Besançon

Les services automobiles du Doubs et du Jura s'étendant jusqu'au Léman, où aboutissent déjà les grands services de la route des Alpes, les voyageurs pourront aller de **Nice à Besançon**, c'est-à-dire du sud au nord du réseau P.-L.-M., ou inversement, en suivant l'axe même du massif des Alpes et du Jura.

Prix des transports

Les prix de transport sont fixés à 60 fr. pour le circuit du Doubs (deux journées); 30 fr. pour le parcours Besançon-Morez; 30 fr. pour le parcours Morez-Besançon, soit un prix uniforme de 30 fr. par journée de parcours, ce qui représente un peu moins de 0 fr. 20 par kilom.

Un certain nombre de coupures de prix permettent aux voyageurs de ne faire sur chaque service qu'une partie du parcours.

CHEMINS DE FER D'INTÉRÊT LOCAL

Ligne de Besançon à Amathay-Vésigneux

Besançon-Saint-Paul, dép.	6·00	9·30 (dimanches)	14·15	17·15
Amathay, arr.	8 50	11 53 16 45 (dimanches-fêtes)		19 55

Amathay, dép........................	5·55	9·23 (dimanches)	16·10	17·31 (dim. fêtes)
Besançon-Saint-Paul, arr.	8 30	11 42	18 45	20 00

Ligne Besançon-Vesoul et Gray

Besançon-Rivotte, dép.	4·00	9·23	16·50		Gray, dép..............	4·20	9·45	17·23
Granvelle, arr..........	6 24	11 50	19 30		Granvelle, arr.,.	6 15	11 50	19 30
Vesoul, arr............	7 35	13 13	20 41		Vesoul, dép...........	5 10	10 48	18 15
Granvelle, dép.	6 30	12 45	19 45		Granvelle, arr.........	6 17	11 55	19 27
Gray, arr..............	8 13	14 00	21 40		Besançon-Rivotte, arr.	8 50	14 39	22 07

Ligne Morteau-Maîche-Trévillers

Morteau, dép..........	7·50	12·19	18·07		Trévillers, dép.........	4·39	10·47	15·07
Maîche, arr............	9 40	14 02	19 57		Maîche, arr............	5 06	11 16	15 34
Trévillers, arr.	10 32	14 57	20 49		Morteau, arr...........	7 17	13 23	17 44

Ligne Pontarlier-Mouthe

Pontarlier, dép........	4·50	10·00	15·45		Mouthe, dép...........	7·05	12·15	18 0·9
Malbuisson, arr........	5 44	10 54	16 39		Malbuisson, arr........	7 55	13 05	18 5·0
Mouthe, arr.	6 45	11 55	17 40		Pontarlier, arr........	8 50	14 00	19 4

Ligne Andelot-Levier

			facultatif				facultatif
Andelot, dép...........	7·23	16·45	10·40	Levier, dép............	9·00	18·20	13·36
Levier, dép.	8 25	17 45	11 40	Andelot, arr...........	10 00	19 20	14 36

Ligne Montbéliard-Hérimoncourt-Beaulieu

Montbéliard, dép......	5·50	8·47	11·13	13·20	16·13	19·10	22·28 ⊜, trajet en 24 minutes.
Audincourt, dép.......	4·52	7·38	10·27	12·37	15·02	18·05	20·53 ⊜	Id.

Audincourt, dép.......	6·20	9·17	11·00	12·00	13·50	16·42	19·44	23·00 ⬤, trajet en 31 m.
Hérimoncourt, dép....	6·55	9·52	12·00	12·58	14·26	17·25	20·18	23·34 ⬤	Id.

Audincourt, dép.	6·23	9·20	11·43	13·53	16·45	19·47	23·03 ⊜, trajet en 24 minutes
Beaulieu, dép..........	6·57	9·50	12·11	14·30	17·29	20·38	23·28 ⊜	Id.

⊜ Dimanches et Fêtes.

SERVICES D'AUTOBUS DU DÉPARTEMENT DU DOUBS

De Besançon à Saint-Vit par Audeux et Recologne

Besançon, dép.............	5·00	14·30	Saint-Vit, dép.	4·40	16·20
Audeux, arr...............	5 50	15 15	Audeux, arr...............	5 50	16 55
Recologne, arr...........	6 00	15 25	Recologne, arr...........	6 00	17 05
Saint-Vit, arr.............	6 40	16 10	Besançon, arr...........	6 40	18 00

De Besançon à Marchaux

Besançon, dép.............	6·30	18·30	Marchaux, dép.............	8·00	20·00
Marchaux, arr.............	7 05	19 03	Besançon, arr.............	8 35	20 35

De Baume-les-Dames au Valdahon

Baume-les-Dames, dép. ...	5·55	1·10	Le Valdahon, dép...........	6·30	4·45
Vercel, arr...............	7 58	2 28	Vercel, arr...............	7 25	5 40
Le Valdahon, arr...........	8 30	3 00	Baume-les-Dames, arr.	8 45	6 45

De Baume-les-Dames à Rougemont

Baume-les-Dames, dép....	6·00	15·00	Rougemont, dép.	8·00	18·15
Rougemont, arr.............	7 00	16 00	Baume-les-Dames, arr.	9 00	19 15

De l'Isle-sur-le-Doubs à Sancey-le-Grand

l'Isle-sur-le-Doubs, dép..	5·30	15·30	Sancey-le-Grand, dép.......	7·00	17·10
Sancey-le-Grand, arr.	6 50	16 50	l'Isle-sur-le-Doubs, arr....	8 20	19 00

De Saint-Hippolyte à Maîche

			facultatif						
St-Hippolyte, dép.	7·10	9·10	13·30	21·00	Maîche, dép.......	6·00	8·30	12·00	16·38
Maîche, arr.........	8 00	10 00	11 20	21 50	St-Hippolyte, arr..	6 35	9 05	12 35	17 05

LISTE D'HOTELS
PENSIONS ET LOGEMENTS
POUR SÉJOUR D'ÉTÉ

TABLE ALPHABÉTIQUE
des localités citées dans le présent opuscule

AVEC INDICATIONS DE L'ALTITUDE

LISTE
DES HOTELS, PENSIONS ET LOGEMENTS

Pour répondre aux nombreuses demandes qui lui parviennent de toutes parts, le *Syndicat d'initiative* met gratuitement à la disposition du public les renseignements contenus dans cette brochure.

Les communes du département du Doubs ou des départements limitrophes qu'ils concernent ont été groupées suivant les itinéraires des lignes de chemins de fer ou de tramways à proximité desquelles elles se trouvent placées dans les dix paragraphes désignés ci-après :

1° Ligne de Besançon à Morteau-Le Locle.
2° Embranchement desservant Ornans, Lods, Mouthier-Haute-Pierre (vallée de la Loue).
3° Embranchement desservant Gilley et la vallée du Doubs jusqu'à Pontarlier.
4° Ligne de Morteau à Maîche-Trévillers (hauts plateaux du Doubs, région des sapins).
5° Ligne de Besançon à Amathay-Vésigneux.
6° Ligne de Pontarlier à Mouthe (haut Doubs, lac de St-Point).
7° Ligne de Besançon à Montbéliard et Saint-Hippolyte (vallée du Doubs).
8° Ligne de Besançon à Mouchard et à Pontarlier.
9° Lignes de Besançon à Gray et à Vesoul (vallée de l'Ognon).
10° Localités diverses.

Liste des abréviations : Alt. Altitude. ✉ Bureau de poste. ⌇ Télégraphe. ☎ Téléphone. 🚂 Station de chemin de fer.

Besançon et banlieue

Besançon. — Alt. 246 m. — Population 58.000 hab. — Ancienne *Vesuntio* des Romains et capitale de la Franche-Comté, chef-lieu du département du Doubs. — Siège du 7e corps d'armée, écoles et directions d'artillerie et du génie. — Archevêché. — Cour d'appel. — Université : Faculté des Lettres, Faculté des Sciences, École de Médecine, Station agronomique, Observatoire chronométrique et astronomique. — Comité de patronage pour les étudiants étrangers. — Nombreuses sociétés artistiques et sportives. — Station thermale de la Mouillère-Besançon (source saline chlorurée-sodique forte, iodo-bromurée), superbe Casino.

HOTELS, *en ville :*

Grand Hôtel et des Bains (Guyer), avenue Carnot, à proximité des Bains salins et du Casino (téléphone 0.70), 100 lits, confort moderne, lumière électrique, chauffage central, ascenseur, bains et douches, garage, chambre noire, jardin, parc avec tennis, toutes langues, omnibus. Chambre 1 lit : 3 à 6 fr. ; 2 lits : 6 à 12 fr., service com-

pris ; table d'hôte ; petit déjeûner : 1 fr. 25 ; déjeûner : 3 fr. ; dîner : 3 fr. ; journée depuis 9 fr. ; domestiques : 7 fr. ; arrangement pour familles.

HOTELS de la Couronne (Simard), rue Gustave Courbet, 4, à proximité du marché (téléph. 1.36), 50 lits, confort moderne,
lumière électrique, chauffage central, garage (fosse),
omnibus.
Chambre 1 lit : 2 fr. 50 à 4 fr. ; 2 lits : 4 à 6 fr., service
compris ; table d'hôte ; petit déjeûner : 0 fr. 75 ; déjeûner : 2 fr. 50 ; dîner : 2 fr. 50 ; journée depuis 7 fr. 50 ;
pension depuis 7 fr. ; domestiques : 7 fr.
de l'Europe et de la Poste (G. Point), r. de la République, 13,
à proximité de la Poste (tél. 1.66), T. C. F., A. C. F.,
65 lits, confort moderne, lumière électrique, chauffage
central, bains et douches, garage, chambre noire, jardin, omnibus.
Chambre 1 lit : 2 fr. 50 à 4 fr. ; 2 lits : 6 à 10 fr., service
compris ; table d'hôte ; petit déjeûner : 1 fr. 25 ; déjeûner : 3 fr. ; dîner : 3 fr. ; journée depuis 8 fr. 50 ; domestiques : 8 fr. ; arrangement pour familles.
du Nord (Charnay), rue Moncey, 6, 8, 10 (téléph. 0.43),
70 lits, confort moderne, lumière électrique, chauffage
central, bains et douches, garage, chambre noire,
omnibus.
Chambre 1 lit : 3 à 6 fr. ; 2 lits : 5 à 8 fr., service compris ;
table d'hôte ; petit déjeûner : 1 fr. 25 ; déjeûner : 3 fr. ;
dîner : 3 fr. ; journée depuis 9 fr. ; domestiques : 7 fr. 50 ;
arrangement pour familles.

de Paris (Richebois), rue des Granges, 23 et rue de la
République (tél. 1.15), 70 lits, confort moderne, lumière
électrique, chauffage central, garage, chambre noire,
vaste jardin. English sopken. Man spritch. Deutsch.
Omnibus.
Chambre 1 lit depuis 3 fr. ; 2 lits depuis 5 fr. ; table d'hôte ;
petit déjeûner : 1 fr ; déjeûner : 3 fr. ; dîner : 3 fr. Journée depuis 9 fr. ; domestiques : 6 fr. 50 ; arrangement
pour familles.
Degoisey, rue du Général Lecourbe, 9
des Halles (Bulle), rue Gustave Courbet, 1.
du Levant (Baverel), place de la Révolution, 9, (tél. 5.27).
Entièrement mis à neuf. Chauffage central. Chambres
depuis 2 fr. Repas depuis 1 fr. 50.
des Messageries (Tisserand), rue Jean Petit, 16 (tél. 3.81).
Vuillermoz, rue des Boucheries, 21.
du Jura (Tourquet), place du Jura.
de Franche-Comté (Boissenot), rue Rivotte.

Près de la gare Viotte :

Terminus (Cattet) (téléph. 5.39), chambres confortables,
électricité, chauffage central.
du Chat Noir (Siffert) (téléph. 2.33), 25 lits ; chambres
de 2 à 4 fr. ; petit déjeûner : 0 fr. 75 ; déjeûners et
dîners : 1 fr. 50, 2 fr. et 2 fr. 50 ; chauffage central, éclairage électrique, auto-garage. Man spricht deutsch.
Nouvel-Hôtel (téléph. 5.96).
des Voyageurs (Gurnaud) (tél. 4.58), chauffage central,
éclairage électrique, auto-garage.
Moderne (Monniot) (tél. 5.18).
Bellevue (Guichon), rue de Belfort.

RESTAURATEURS :

Buffet de la Gare (Preire), gare de la Viotte (téléph. 3.24).
Taverne alsacienne (Baer), rue de la République, 21 (tél. 0.62).

Colonial, Grande-Rue, 86 (téléph. 1.48).
Verguet, Grande-Rue, 86 (téléph. 2.15).
Mougey, place Pâris.
Rérat, pourtour du théâtre.
Bouillon Duval (Droz), Grande-Rue, 12.
Casino (Loés), aux Bains salins avenue Carnot (tél. 2.34).
Gavillon, rue des Granges, 42 (tél. 5.05).
M⁰ᵉ Gaillard, au Palais Granvelle, Grande-Rue.
Rendet, rue des Boucheries.
Restaurant Guilleaux, au plateau de Beauregard à côté de la gare
du Funiculaire. Terrasse ombragée.

LOUEURS DE CHEVAUX ET VOITURES :

G. Beucler, place du 4 Septembre, contre l'église (tél. 0.32).

VOITURES DE PLACE, stations :

Place du 4 Septembre.
Promenade Granvelle.
Quai de Strasbourg.
Rond-Point des Bains salins.
Square Saint-Amour.
Gare Viotte.

TRAMWAYS ÉLECTRIQUES :

Ligne de la gare Viotte au faubourg de Tarragnoz.
Ligne des Chaprais à la Préfecture (doublant la précédente sur
une partie du parcours).
Ligne de Rivotte à la gare Viotte et au faubourg Saint-Claude.
Ligne de la Place du 4 Septembre à Saint-Ferjeux.

OMNIBUS BISONTINS, bureau rue de la République, 14, en face
de la Poste. Service de la ville et des hôtels aux gares de la Viotte
et de la Mouillère et *vice versa*.

AUTOMOBILES :

Auto-taxi pour la ville et le dehors en stationnement place du
4 Septembre.
Location de voitures dans tous les garages.

AUTOBUS :

Besançon-Marchaux ; Besançon-Audeux-Saint-Vit, gare Viotte.

Saint-Ferjeux. — Tramway élect. en 15 minutes. — A visiter
basilique moderne et sa crypte.
RESTAURANTS du Stand, de la Pelouse.

Velotte. — En voiture ou à pied par le bord du Doubs. —
Chemin de fer d'Amathay. — Tramway élect. jusqu'à Tarra-
gnoz. — Coquettement situé sur le bord du Doubs.
RESTAURANT Pauset-Fleurel.

Les Tilleroyes.

Belle propriété à louer, villa, parc, ombrages, remise, écurie, 3oo fr.
par mois. S'adresser à Mᶩᵉ J. Détrey, rue Ernest Renan, 16.

Ligne de Besançon à Morteau-Le Locle

Mamirolle. — Alt. 475 m. — Popul. 535 hab. — ✉ ⚬ 🏨 ⚓.
Belle exposition, air sec, belle vue de la côte contre laquelle

le village est échelonné; promenades dans les forêts. — Médecin. — École nationale de laiterie.

HOTELS : Baverel, Vᵉ Déplante-Mercier (recommandé), Pouchot. Pension : 5 à 6 fr. par jour.

L'Hôpital-du-Grosbois. — Alt. 580 m. — Pop. 300 hab. — ☒ ✆ 📮 ⚒. — Promenades au Puits de Poudrey (2 kil.), à la Glacière de la Grâce-Dieu (17 kilom.), à la grotte de Plaisirfontaine (6 kilom.).

HOTEL, du Roulage (A. Baron), pension : 5 à 6 fr. par jour.

Charbonnières. — Alt. 535 m. — Popul. 125 hab. — Bureau de poste d'Ornans, à 7 kil. ; gare, ✆ 📮 à l'Hôpital-du-Grosbois, 3 kil. — Promenades dans les vallées de Bonnevaux, de la Brême et de la Loue. — Grotte de Plaisirfontaine, puits et cascades, Premiers sapins.

APPARTEMENT ET PENSION pour deux personnes dans villa (piano, bibliothèque), s'adresser à M. Jeanningros.

Etalans. — Alt. 600 m. — Pop. 700 hab. — ☒ ✆ ⚒. — Promenades : Puits de Poudrey, vallée de la Loue.

Puits de Poudrey, superbe caverne avec stalagmites, descente facile. Gérant : Bourgeois, café de la Mairie, à Etalans.

HOTELS : du Tilleul (Cusenier), 4 chambres, pension 4 à 6 francs.
  des Voyageurs (Jeangirard), 4 chambres, pension 4 à 6 fr.
  des Mines d'or (Pâris), 3 chambres, pension 4 à 6 fr.
  du Champ de foire (Estavoyer), pension 4 à 6 francs.
APPARTEMENT à louer, prix à débattre (Mᵐᵉ veuve Perrin).

Durnes. — Alt. 550 m. — Pop. 200 hab. — ☒ ✆ 📮. — Gare d'Etalans, à 7 kil., voiture publique. — Promenades faciles dans la vallée de la Loue, à Montgesoye et à Vuillafans. — Vestiges d'un château féodal; vieux remparts.

HOTELS : du Centre, pension 3 francs.
  de la Poste, pension 3 fr.
APPARTEMENTS à louer chez M. Cuisenier, ancien maire ; M. Voirin, veuf ; M. Savary ; Mᵐᵉ veuve Gagnemaille.

Vercel. — Alt. 660 m. — Pop. 1.200 hab. — Chef-lieu de canton. — ☒ ✆. — Gare de Valdahon (6 kil.), autobus de Baume-les-Dames à Valdahon par Vercel. — Médecin, pharmacien. — Voitures à volonté. — Glacière de la Grâce-Dieu (9 kil.), source et vallée de Creuse (6 kil.), pêche.

HOTELS : de la ville de Baume (Collette), pension 6 à 8 fr.
  de la Couronne (Sancey), pension 6 francs.
APPARTEMENTS à louer, s'adresser à M. Cuchot, banquier.

Epenoy. — Alt. 730 m. — Pop. 460 hab. — Bureau de poste et gare du Valdahon (3 k. 1/2); voiture publique matin et soir. — Forêts de sapins. — Promenades au Puits de Poudrey, au Château de Cicon.

HOTEL, des Voyageurs (Cuenot), pension 70 francs par mois.
APPARTEMENTS : Billot, épicier, 3 chambres meublées.
Coulot, Justin, maison à louer.

Nods. — Alt. 700 m. — Pop. 500 h. — ☒ ✆ 📮. — Gare de Valdahon à 7 kil. — Voiture publique. — Au pied du mont

Cicon couvert de magnifiques forêts ; roche de Hautepierre, superbe panorama à, 4 kil.

HOTELS : du commerce (Mercier), pension de prix très modéré.
Philippe, id.

APPARTEMENT : M. Jules Trouf, propriétaire, plusieurs appartements meublés avec cuisines, sans linge, prix à débattre.

Avoudrey. — Alt. 720 m. — Pop. 530 h. — ⊠ ✝ 🕾. — Voitures à volonté. Promenades : Consolation, vallée de la Reverotte, grotte de Vermondans, roche de Barcher.

HOTELS : des Voyageurs, 10 ch., pension 6 fr., électricité.
Dornier-Létondal, 5 chambres, pension 6 fr., électricité.

APPARTEMENT comportant 1 chambre à deux lits et cuisine meublées, vaisselle, lingerie. S'adresser p' renseignements à M. Baltz, 5, rue d'Alsace, à Besançon.

Flangebouche. — Alt. 725 m. — Pop. 630 hab. — ⊠ ✝ 🕾. — Gare d'Avoudrey à 7 kil. Voiture publique d'Avoudrey à Fuans 2 fois par jour. Médecin et pharmacien à Orchamps. Forêts de sapins très proches.

HOTELS : du Commerce (Droubard), pension à prix très modéré.
Mougin, pension depuis 3 fr., par jour.

Orchamps-Vennes. — Alt. 800 m. — Pop. 900 hab. — ⊠ ✝ 🕾. — Gares de Longemaison (7 kil.) et d'Avoudrey (9 kil.). — Voiture publique d'Avoudrey à Fuans, deux fois par jour. — Promenades en forêt, à Consolation, au rocher de Barcher (vue des Alpes), à Château-Sarrazin, à la Reverotte, au Dessoubre.— Voitures à volonté. — Médecin.

HOTELS : du Commerce (Courtois), 16 chambres, 30 lits, pension 6 fr., par mois 150 fr., électricité.
National (Barrey), 10 à 15 pensionnaires, pension 6 fr., électricité, w.-c. à l'étage.

APPARTEMENT : M⁰ veuve Courtois, 3 ou 4 chambres, 5 lits, meubles, linge, 100 fr. par mois.

Fuans. — Alt. 728 m. — Pop. 350 hab. — ⊠ ✝ 🕾. — Gare d'Avoudrey (12 kil.). — Voiture publique. — Boulangerie, épicerie. Belles forêts de sapins, Consolation (à 5 kil.), belvédère de la Roche-du-Prêtre.

APPARTEMENT : M. Faivre-Pierret, 5 pièces au premier étage indépendantes, meublées très propres. — Pension 3 fr. 50 par jour logement compris ; bonne cuisine.

Passonfontaine. — Alt. 720 m. — Pop. 530 hab. — Bureau de poste et gare d'Avoudrey (3 kil.). — Voitures à Avoudrey et à Passonfontaine. — Médecin à Vanclans. Epicerie, boulangerie, fromagerie. — Magnifiques promenades dans les forêts : Vaucherenne, les Essarts : points de vue de la côte de Cicon : le Rocher, la Vêche, Grange des Rosées, ruines du château de Cicon. — La Loue, le Dessoubre.

HOTELS : Berlin, 3 chambres, pension 4 fr. 50.
du Commerce (Chevrey), 2 chambres, pension 4 fr. 50.

APPARTEMENTS : Vuillemin, instituteur, maison meublée, 7 chambres, vaisselle et linge, 150 fr. par mois.
Humbert, Armand, 4 chambres meublées au premier étage, vaisselle et linge, 100 fr. par mois ; 3 chambres meublées au rez-de-chaussée sur la rue.
M⁰ Viennet, 4 chambres meublées, vaisselle, linge, 100 fr. par mois.

Pierrefontaine-les-Varans. — Alt. 720 m. — Pop. 1.000 hab. — ☒ ✆ ⌸. — Gare d'Avoudrey (14 kil.). — Voiture publique. Médecin, pharmacien, boucherie, épicerie, boulangerie. — Environs immédiats très pittoresques ; promenades : vallées de la Reverotte et du Dessoubre, Gigot, Vermondans, Grottes de Pierre l'Amadon, de la Jaquotte et des Biens, glacière du Bois du Roi, la roche aux Verriers, Pillé-les-Grus.

HOTELS : des 3 Pigeons (recommandé du T. C. F.), Juif, A., 20 pensionnaires, bonne table, 6 à 7 fr. 50 par jour, 180 fr. par mois, w.-c. à l'étage (téléph. 4).
Prieur, Alexandre, 5 chambres, 7 fr. par jour, 160 fr. par mois (Téléph. 8).
du Commerce, Bolard, Eugène, 4 fr. 50 par jour.

Bretonvillers. — Alt. 705 m. — Pop. 425 hab. — ☒ ✆ ⌸. — Gares : P.-L.-M., Avoudrey à 23 kil. ; tramway Morteau-Maiche à Bonnétage (6 kil.). — Voiture publique d'Avoudrey.

APPARTEMENT : Mme Huot-Martin, 3 pièces meublées, linge, piano.

La Sommette. — Alt. 720 m. — Pop. 160 hab. — Bureau de poste de Pierrefontaine. Gare d'Avoudrey (10 kil.). — Voiture publique d'Avoudrey à Pierrefontaine. A 1.500 m., pêche de la truite. Roches de Vautiloiseau.

HOTEL : Bideaud, pension à prix très modérés.

Plaimbois-Vennes. — Alt. 760 m. — Pop. 220 h. — Bureau de poste de Flangebouche, gare d'Avoudrey (12 kil.). Voiture publique d'Avoudrey jusqu'aux Ages de Loray (5 kil.). Site très pittoresque dominant les gorges de la Reverotte, promenades très intéressantes. — Provisions légumes et boucherie 1 fois par semaine, pain 2 fois. Voitures chez Létondal et Boichot à Avoudrey ; chez Vieille et Tarby, à Loray.

APPARTEMENT : Maison Joignerey, 10 pièces meublées, 9 lits, vaisselle, jardin, ombrages, 100 fr. par mois, 250 fr. pour la saison. S'adresser à M. Constant Vernerey, à Plaimbois, par Flangebouche.

Consolation (les Maisonnettes). — Alt. 700 m. — Bureau de poste de Fuans (5 kil.). — Gares de Longemaison (17 kil.) et d'Avoudrey (19 kil.). — Voiture publique d'Avoudrey à Fuans. — Excellent lieu de séjour, pays des plus pittoresques, très accidenté, entouré de forêts ; à voir dans les environs immédiats de l'hôtel : sources du Dessoubre et du Lançot, grottes, vallées du Dessoubre et de la Reverotte, belvédère de la Roche du Prêtre.

HOTEL de Consolation (H. Cuenot), 20 chambres, pension 5 à 6 fr.
Prix à débattre pour longs séjours ; voiture particulière à la disposition des clients se rendant sur demande aux gares.

Longemaison. — Alt. 831 m. — Pop. 200 h. — Bur. de p. d'Avoudrey. ✆ ⌸. Médecin et pharmacien à Orchamps-Vennes. Provisions de viande 1 fois, de pain 2 fois par semaine. Localité très bien située sur les flancs du Chaumont, vue très étendue, nombreuses promenades ; en haut, point culminant de 1.102 m. Chêne des Laves, 6 m. de tour. Convient aux touristes recherchant la vie calme au milieu des forêts de sapin.

HOTELS : de la Gare (Maille), 5 chambres, pension 5 fr. 50.
P. Gauthier, au Village, 4 chambres, pension 5 fr.

APPARTEMENTS : Plusieurs logements disponibles ; adresser les demandes de renseignements à M. Barraud, maire.

Arc-sous-Cicon. — Alt. 800 m. — Pop. 900 h. — ⌧ ✆ ⌧. Gare de Longemaison à 7 k. 1/2. Voiture publique. — Au pied du Chaumont couvert de magnifiques forêts de sapins. Ascension au Crêt Monniot (1.123 m.), belle vue des Alpes bernoises et à la glacière du Mont Pelé. Promenade à la source de la Loue (9 kil.). — Fromagerie modèle, 4.000 litres de lait traités par jour.

HOTELS : de l'Union (Drezet), 5 chambres, pension 5 fr., électricité.
des Voyageurs (Brutillot), 4 chambres, pension 4 fr., électricité.

APPARTEMENTS à louer ; s'adresser au maire.

Morteau. — Alt. 756 m. — Pop. 4.250 h. — ⌧ ✆ ⌧ ⌧. Médecins, pharmaciens. Chef-lieu de canton. Centre commercial et industriel important. Très fréquenté par les touristes. Eglise du XIIIe siècle (monument historique). Maison Perlusier, curieuse architecture du XVIe siècle. Nombreuses excursions : Bassins et saut du Doubs à 7 k. en chemin de fer ou voiture ; cirque de Derrière le mont, chaudières des Gras, ascension du Tantillon, vue des Alpes. Voitures publiques pour La Grand-Combe et les Gras et pour Villers-le-Lac.

HOTELS : du Commerce et de la Guimbarde réunis 20 chambres, pension 7 fr., électricité, chauffage central.
de Paris (Coulon), 20 chambres, pension 9 fr., bonne cuisine, électricité, chauffage central, lauréat du Concours départemental d'Hôteliers.

APPARTEMENTS divers et Chalets à louer, s'adresser à la Mairie.

Montlebon. — Alt. 160. — Pop. 1.200 h., à 3 kil. de Morteau, bien situé au pied du mont Gaudichot couvert de sapins. Promenades dans les Forêts, à Derrière le Mont, aux Sarrazins, à Cornabey, à Louadey, au chêne millénaire du Carlot et au Mont Chateleu (1.303 m.). — Pêche dans le Doubs.

HOTEL de l'Industrie (Cuenot), 4 chambres, pension 5 fr.

APPARTEMENTS : aux Fontenottes (alt. 1.000 m.), à 6 kil. de Morteau, maison construite en 1908, bien abritée, avec jardin et eau. 8 chambres, 10 lits au rez-de-chaussée et à l'étage, WC., vaisselle, lingerie. Eglise et forêt à 30 m. de l'habitation. Ecrire à M. l'abbé Faivre, curé des Fontenottes.
Oudot, Edmond, à Montlebon, 3 chambres, vaisselle et lingerie, cuisine bourgeoise, pension 4 fr.
Mme Vermot-Gaud, à Sur-la-Seigne, 2 chambres, vaisselle et lingerie, cuisine bourgeoise, pension 4 fr.

La Grand'Combe. — Alt. 775 m. — Pop. 900 hab. — ⌧ ✆ ⌧ ⌧. A 7 kil. de Morteau, voiture 2 fois par jour, boulangerie, boucherie, épicerie. Forêt. Pêche.

HOTELS : du Vallon (Bobillier) 3 chambres, pension 4 fr. 50.
de la Poste (Vve Simon), 1 chambre, pension 4 à 5 fr.

APPARTEMENT : Bobillier-Chaumont (restaurant à 250 m. de la gare) 3 chambres meublées, linge, vaisselle, 120 à 130 fr. par mois.
Froidevaux, Restaurant du Pont, 6 pièces meublées, lingerie, prix à débattre.
Mme E.-J. Boillot, 3 pièces au 1er étage, vue sur la frontière suisse, prix à débattre.

Les Gras. — Alt. 900 m. — Pop. 1,000 hab. — ✉ ☎ 🚂. Gare de la Grand'Combe à 6 kil. Voiture publique de Morteau 9 kil. — Lieu de retraite agréable, village entouré de forêts de tous côtés. Promenades aux Chaudières, dans le bois du Rozel, à Montbenoît, ascension au Chateleu (1,303 m.), aux roches du Cerf (1,210 m.).

HOTEL du Commerce (Faivre) installation récente, 25 chambres modernes, confortables ; pension 5 fr. 50 à 6 fr. par jour, conditions spéciales pour familles.

APPARTEMENTS : Mᵐᵉ Marie Py, aux Epesses, 3 pièces et cuisine, conditions à débattre.

M. Alphonse Garnache-Pape, aux Seignes, 5 chambres dont 3 peuvent être séparées, prix à débattre.

Lac-ou-Villers. — Alt. 750 m. — Pop. 3,000 hab. — ✉ ☎ 🚂 🚲. Très beau centre d'excursions des deux côtés de la frontière franco-suisse : à pied au Saut du Doubs par les Jeanteys, au Chauffaud par la côte Grillon, aux gorges de la Rançonnière et au col des Roches, — en bateau par les bassins au Saut, — en chemin de fer au Locle, aux Brenets, etc., etc. — Voiture publique et chemin de fer pour Morteau.

HOTELS : de France (Droz-Bartholet), 12 chambres, pension 6 fr. 50 à 7 fr., électricité.

de l'Union (Rougnon), 5 chambres, pension 6 fr., électricité.

des Chasseurs, aux Bassots, 2 chambres, pension 5 fr., électricité.

APPARTEMENTS : Robbe, Eugène, café de la Gare, 3 chambres et cuisine meublées, vaisselle, lingerie, eau, électricité, prix à débattre ; autre de 2 chambres et cuisine meublées, vaisselle, lingerie, eau, électricité, prix à débattre.

Mᵐᵉ Renaudin, 2 chambres et cuisine meublées, électricité, 150 fr. par mois.

Saut du Doubs. — Commune de Lac-ou-Villers.

HOTELS : rive française : Hôtel de France (Dumont), 2 chambres, pension 6 francs.

rive suisse : Hôtel du Saut (Fahrny), téléph., repas à 2 fr. 50, vin non compris.

Ligne d'Ornans-Lods-Mouthier
(Vallée de la Loue)

Maizières. — Alt. 325 m. — Pop. 150 hab. — ✉ ☎ 🚂 🚲. Jolie situation au bord de la Loue, à 4 kil. d'Ornans. Pêche de la truite et nombreuses excursions.

APPARTEMENTS : Chalet de 5 pièces meublées (à 200 m. de la gare), 250 fr. pour la saison.

A Notre-Dame du Chêne, 6 pièces meublées et cuisine, dépendances 130 fr. par mois. S'adresser au Bureau de renseignements, Grande-rue, 65, à Ornans.

Ornans. — Alt. 325 m. Pop. 2,900 hab. — ✉ ☎ 🚂 🚲. Chef-lieu de canton important, ville ancienne, traversée par la Loue que bordent de vieilles maisons pittoresques. Promenades très intéressantes dans un rayon peu étendu. — Médecins, pharmaciens, voitures à volonté (voir guide illustré spécial).

HOTELS : de France (Simonin), 18 chambres modernes T. C. F. ; électricité, W.C. aux étages ; pension de famille, prix modérés ; vaste salle à manger ; location de voitures et automobiles ; garage ; omnibus à tous les trains : téléph. n° 7, lauréat du Concours départ. d'Hôteliers.
du Jura (Vve Maire), 20 chambres modernes, W.C. à l'étage, électricité, grande salle pour banquets, noces, soirées ou fêtes ; garage ; voitures à volonté : appartements pour familles dans l'annexe de l'hôtel ; pension 6 à 7 fr. par jour ; tél. 1, lauréat du Concours départemental d'Hôteliers.
de la Gare, 6 chamb., électricité, garage, prix modérés.

APPARTEMENTS :

1 cuisine et 1 chambre à coucher, 20 fr. par mois.
1 cuisine, 1 salle à manger, 2 autres pièces, quartier tranquille.
1 chambre sur la Grande-rue.
1 cuisine, deux autres pièces, jardin, 25 fr. par mois.
2 pièces sur cour, 15 fr. par mois.
4 pièces avec jardin, quartier tranquille.
2 pièces réparées à neuf.
3 pièces dont 2 sur jardin, l'autre sur rue.
2 pièces meublées sur place principale.
4 pièces entre cour et jardin.
3 pièces entre cour et jardin, rivière à proximité, rue de la Gare.
1 pièce meublée sur place principale.
4 pièces, jardin, rivière à proximité.

S'adresser au Bureau de renseignements, 65, Grande-rue, à Ornans.

Montgesoye. — Alt. 340 m. — Pop. 400 hab. — ☒ ✝ 📞 🚂. Village d'un riant aspect, au bord de la Loue, habitations entourées d'arbres fruitiers de haute taille, lieu de repos très estimé.

HOTEL de la Poste, pension de famille, 6 chambres, pension 6 fr. (Plusieurs chambres disponibles dans le village).
HOTEL meublé sur la route de Besançon à Pontarlier, au bord de la Loue. Trois appartements modernes de chacun 5 pièces (cuisine avec eau sur évier, salle à manger, 3 chambres à coucher et W.C. à chaque étage). Jardins, pelouse, ombrage. Prix par appartement, pour la saison, 150 fr. par mois. — Chambres : 2 fr. par jour pour un lit à une personne ; 2 fr. 50 pour un lit à deux personnes. Restaurants à proximité. S'adresser à M. Recoque, propriétaire à Montgesoye, lauréat du concours départemental d'Hôteliers du Doubs, 1913.

APPARTEMENTS : M. Pertusier, chambre garnie et cuisine, 100 fr. pour la saison, sans linge.
M. François Quéry, appartement meublé.
M. C. Paillard, 4 pièces meublées.

Vuillafans. — Alt. 351 m. — Pop. 500 hab. — ☒ ✝ 📞 🚂. — Médecin. — Gros bourg baigné par la Loue, groupé autour d'une église du XVIe siècle, dont les habitants ont longtemps vécu du produit des vignes plantées sous les rochers que dominait jadis l'antique forteresse de Chateauneuf. Jolies promenades à Chateauneuf, Chateauvieux, Vergetaule, Raffeneau et plus éloignées, dans toute la vallée de la Loue.

HOTEL des Voyageurs (Dornier), 15 chambres, pension 5 à 6 fr., électricité.

APPARTEMENT : M. Léon Ligier, propriétaire viticulteur, 4 pièces et cuisine meublées, linge, nombreuses dépendances, beau jardin clos, lait, légumes, œufs à disposition, prix à débattre.

Lods. — Alt. 300 à 450 m. — Pop. 900 hab. — ⊠ ✆ Téléph. Épicerie, boulangerie, boucherie, voitures à volonté. — Très pittoresquement étagé sur les contreforts des rochers du Capucin et de la roche de Hautepierre dans un étranglement de la vallée de la Loue ; population moitié industrielle, moitié viticole. — Nombreuses sources, grottes, sites intéressants dans un rayon de 10 kil. — Ascension de la roche de Hautepierre et des roches du Capucin (880 m.) — Pêche de la truite.

HOTELS : de la Gare (Perrin), 7 chambres, pension 150 fr. par mois.
de France (Bernard), 10 chambres, pension 150 fr. par mois.

APPARTEMENTS : M. Bolard, instituteur, maison neuve, 8 pièces meublées, sans linge ni vaisselle. 70 fr. par mois.
M. Tripard, Gustave, 5 chambres meublées, vaisselle et lingerie, prix à débattre.
Mᵐᵉ Déviez, 4 pièces meublées avec grand jardin.
Mˡˡᵉ Angèle Tisserand, deux appartements meublés avec jardin, linge fourni
M. Léon Parrot, appartement meublé avec jardin.

Mouthier. — Alt. 400 à 500 m. — Pop. 600 hab. — ⊠ ✆ Téléph. Gare de Lods à 3 kil. ; voiture publique. — Médecin, épicerie, boulangerie, boucherie. — Voitures à volonté. — Bâti en amphithéâtre sur les flancs abrupts de la roche de Hautepierre : site très pittoresque. — Grand nombre d'excursions du plus haut intérêt. — Sources de la Loue, du Pontet, bords de la Loue. — Grottes de la Vieille Roche et de la Baume-archée. — Ascension des rochers du Capucin, de Hautepierre, de la Baume. — Pêche.

HOTEL des Voyageurs (Borne-Chevrey), 15 chambres modernes, 20 lits ; W.-C. à l'étage ; pension 6 à 8 fr. par jour, cuisine soignée ; grande salle à manger pour noces et sociétés.

APPARTEMENTS : Café du Lion d'or (Bridoulot), 3 chambres meublées ; pension 6 à 7 fr. par jour.
Mᵐᵉ Panier, chambres meublées.
Mᵐᵉ Courtois, chambres meublées.
Mˡˡᵉ Bolard, 3 chambres et cuisine, vaisselle et lingerie, 25 à 30 fr. par chambre et par mois.
Mˡˡᵉ Charpy, 4 chambres et cuisine, vaisselle et lingerie, 100 fr. par mois.
Mᵐᵉ Gith (26, rue de la République, Besançon), 4 pièces meublées au rez-de-chaussée, 4 pièces meublées au 1ᵉʳ étage, prix à débattre.

Saint-Gorgon. — Alt. 720 m. — Pop. 200 hab. — ⊠ ✆ Téléph. Voiture publique de Mouthier à Pontarlier. — Auto-cars du circuit du Doubs. — Promenades variées, belles forêts, voisinage de la source de la Loue.

APPARTEMENT : Mᵐᵉ Vve Ville, aux Dombelles, près du bureau de poste, à 200 m. de la route départementale, 6 chambres meublées, très belle vue, prix à débattre.

Ouhans. — Alt. 615 m. — Pop. 300 hab. — ⊠ ✆ Téléph. Voiture publique de Mouthier à Pontarlier. — Belles forêts à proximité, source de la Loue, le village est traversé par les autocars du circuit du Doubs.

HOTEL du Commerce (L). Belle, 5 chambres, électricité, pension à prix modéré.

Ligne de Gilley à Pontarlier
(Vallée du Doubs)

Gilley. — Alt. 865 à 930 m. — Pop. 900 hab. — ☒ ✎ téléph. Sur le versant Est du Chaumont et dominant la vallée du Doubs. — Promenades sur la montagne, prairies et belles fermes sur la crête, à 1100 m. et par Lavas, dans la vallée du Doubs, aux grottes de Remonot et du Trésor, à Entreroches.

HOTELS : à la gare : de la Gare (Béard), 10 chambres, électricité, pension 6 fr.
des Voyageurs (Journot), 5 chambres, de 4 à 6 francs.
au village : du Commerce (Bouhélier), 2 chambres, électricité, pension 6 francs.
de l'Europe, 2 chambres.
National, 2 chambres.

Montbenoit. — Alt. 800 m. — Pop. 200 hab. — ☒ ✎ téléph. Boucherie, boulangerie, épicerie, médecin, pharmacien. — Chef-lieu de canton agréablement situé sur les bords du Doubs ; pêche. Abbaye du XIIᵉ siècle, monument historique.

HOTELS : des Voyageurs (Bôle), 4 chambres à 2 lits, électricité pension, prix modérés.
de l'Abbaye (Vernier), 2 chambres, électricité, prix de pension à débattre.

APPARTEMENTS : M. Bonnet, Alphonse, 4 chambres meublées, linge, prix à débattre.
Mᵐᵉ Bollet, 4 chambres, 2 lits à l'étage, prix à débattre.
Mᵐᵉ Dornier, 4 chambres, 2 lits.
M. Létondal, 6 chambres, 4 lits.

Ville-du-Pont. — Alt. 800 m. — Pop. 470 hab. — Bureau de poste et gare à Montbenoit (1 kil. 500) sur le Doubs ; Grotte du Trésor, excursions à Entreroche, Remonot, etc., pêche.

HOTEL Chabod sœurs, 3 chambres, pension 5 fr.

APPARTEMENT : Villa, 9 pièces meublées, linge, prix modéré, s'adresser à Mˡˡᵉˢ Chabod sœurs, négociantes.

Maisons-du-Bois. — Alt. 815 m. — Pop. 300 hab. — ☒ ✎ téléph. Épicerie, boulangerie. Promenades et pêche. Ascension du grand Taureau (1.244 m.).

HOTEL Faivre fils, prix modérés.

APPARTEMENTS : Maison Gaufre (s'adresser à M. Francis Gaufre loueur de chevaux à Pontarlier).
Mᵐᵉ Vuillemin, maison ensoleillée et tranquille, belle vue, trois chambres à l'étage.

Arçon. — Alt. 830 m. — Pop. 625 hab. — Bureau de poste à Doubs téléph. Sur le Doubs à peu de distance de l'embouchure du Drugeon. Pêche.

HOTEL du Pont (A. Maugain) pas de chambres; nourriture 2 fr. par jour, conditions spéciales pour familles.

APPARTEMENTS : M. E. Simon, maire, 4 chambres, vaisselle et lingerie, 2 à 3 fr. par jour.

L. Pamel, marchand de vin, 4 chambres neuves, 2 lits, vaisselle et lingerie, 2 à 3 francs par jour.

P. Pourchet au Village-haut, 2 chambres neuves, 2 lits, vaisselle et lingerie, 2 fr. par jour.

L. Henriet, négociant, 9 chambres, vaisselle et lingerie, 2 à 3 fr. par jour pour 3 chambres.

V⁰ F. Delacroix, 2 chambres et cuisine, vaisselle et lingerie, 2 à 3 fr. par jour.

E. Simon, au Village-Haut, 2 chambres, 2 à 3 fr.

V⁰ L. Pourchet, 2 chambres, 2 à 3 fr.

Doubs. — Alt. 800 m. — Pop. 330 hab. — ✉ ☏ 📞 🚋. Dans la plaine sur les bords du Doubs. — Pêche dans le Doubs et le Drugeon. — A 2 kil. 1/2 de Pontarlier.

APPARTEMENTS : M. César Fornage, 3 chambres au premier étage, à 2 min. de la gare et 4 min. de la forêt ; pour la saison 150 fr. avec 3 lits, 180 fr. avec 4 lits. — Autre logement : 1 chambre, 1 ou 2 lits avec cuisine, au centre du village, pour la saison : 120 fr.

Ligne de Morteau à Maîche

(Haut-Plateau, région des sapins)

Noël-Cerneux. — Alt. 906 m. — Pop. 225 hab. — ✉ ☏ 📞 🚋. Première commune du plateau du Russey, au sortir du val de Morteau, située en bordure de belles forêts de sapins. Promenade au Saut du Doubs par la montagne.

HOTELS : des Voyageurs (Balanche) nombreuses chambres, prix de pension modérés.
      du Commerce (Mme Grosperrin) 8 chambres, pension 5 à 6 fr.

La Chenalotte. — Alt. 934 m. — Pop. 150 hab. — Bureau de poste au Russey. Télégraphe et téléphone à Noël-Cerneux (2 kil.) 🚋. Belle situation, forêts de sapins très rapprochées des habitations. Promenade au Saut du Doubs par la montagne en 1 heure.

HOTELS : Deleule, 3 chambres, 6 lits, prix de la pension 2 fr. 50 électricité.
      de la Gare (Mouterloos) 2 chambres, 3 lits, prix de la pension 2 fr. 50.

Le Bélieu. — Alt. 990 m. — Pop. 300 h. — Bureau de poste et gare de Noël-Cerneux à 3 kil. — ☏ 📞. — Village bien placé sur point culminant découvert, bois dans le voisinage immédiat. Belles promenades : source du Dessoubre, etc.

APPARTEMENT : Mlle Germain, institutrice, 1 chambre avec cuisine, 70 fr. (Août et Septembre).

Le Russey. — Alt. 900 m. — Pop. 1.300 hab. — ✉ ☏ 📞 🚋. Chef-lieu de canton. Médecin, pharmacien. Très beau village environné de forêts de sapins, promenades nombreuses : au sapin géant (43 m.) au point de vue des Coufflots, au Dessoubre etc, Voitures à volonté, service public pour Bonnétage et le Luhier.

HOTELS : du Commerce (J. Nappey), 15 chambres, prix de pension
à débattre ; électricité, chauffage central.
de la Couronne (E. Verdot) 10 chambres, prix de pension à débattre ; électricité.

APPARTEMENTS : Mᵐᵉ Vᵉ Brocard, 5 chambres meublées, vaisselle, lingerie, prix à débattre.
M. André, négociant, 3 chambres et cuisine simples et propres au
1ᵉʳ étage sur la place.

Bonnétage. — Alt. 960 m. — Pop. 640 h. — ✉ ☏ 🕭.
La gare est à 2 kil. du village. — Voiture publique pour le Luhier
et le Russey. Placé sur un point culminant duquel on découvre
un superbe panorama. Promenades en forêts et dans la vallée
du Dessoubre.

HOTELS: de la Gare (Taillard), 2 chambres, prix modérés.
du Village-Haut (Vᵉ Vernerey) 1 chambre, prix modéré.

Luhier (Le). — Alt. 830 m. — Pop. 230 h. — ✉ ☏ 🕭. — Gare
de Bonnétage à 6 kil. Voiture publique du Russey et de Bonnétage. Promenades dans la vallée du Dessoubre, à Consolation,
au Pont de l'Angoulan et à la Roche du Prêtre.

HOTELS: du Commerce (Barbier,, 2 chambres ; pension 75 fr. par
mois.
des Voyageurs (Binétruy), 1 chambre ; pension 70 fr. par
mois.
du Nord (Cassard), 1 chambre ; pension 70 fr. par
mois.

Plaimbois-du-Miroir. — Alt. 820 m. — Pop. 265 h — ☏ 🕭
— Bur. de poste à Bretonvillers. — Gare de Bonnétage à 10 k.
Voitures chez M. Caille à Gigot. Promenade dans le val du
Dessoubre, à la Roche du Miroir, vue étendue.

HOTELS à **Gigot**: des Touristes et des Voyageurs (C. Gannard),
4 chambres, pension, 7 fr., arrangements pour séjours
et familles. Auto-cars du circuit du Doubs.
de Gigot (Caille, Justin), 8 chambres, pension à partir
de 6 fr.
du Commerce (Vᵉ Donzelot) 4 chambres, pension à partir
de 5 fr.

APPARTEMENT : Caille, Justin, chalet meublé, 9 pièces, remise
pour auto, à louer pour l'année ou l'été seulement. Prix à débattre.

Rosureux. — Alt. 450 m. — Pop. 192 h. — Bureau de poste
de Bonnétage à 3 kil. — ☏ 🕭. — gare de Bonnétage à 4 kil.
— Dans la vallée du Dessoubre, à 7 kil. de Gigot qui est traversé par l'autocar du Circuit du Doubs.

APPARTEMENT : M. Paul Pêcheur, 2 chambres, salle à manger
et cuisine meublées ou non, buanderie, cave, jardin, sur le Dessoubre
voisinage de forêts de sapins. Prix modérés.

Les Fontenelles. — Alt. 880 m. — Pop. 450 h. — ✉ ☏ 🕭. Boucherie, boulangerie, épicerie.

HOTELS Barchet et Feuvrier, restaurants Courtois et Mauvais ;
prennent des pensionnaires.
APPARTEMENTS : M. Aimé Roy, appartement de 4 ou 5 pièces,
rez-de-chaussée et étage, eau à la cuisine, meubles, lait, voiture à
volonté. 100 fr. par mois.

Saint-Julien-du-Russey. — Alt. 854 m. — Pop. 100 h. — Bur. de poste des Fontenelles à 4 kil. Voisinage du Val du Dessoubre, à voir : Rosureux, grottes, ruine féodale.

HOTEL de la Grappe d'or (Mme Grosperrin).

APPARTEMENT. Très belle maison à 150 m. de l'Eglise, près des sapins ; s'adresser à M. Justin Isabey à Grand'Combe-des-Bois par Le Russey.

Frambouhans. — Alt. 885 m. — Pop. 590 h. — ☒ ⚓ 🕿 ⚞ à 5 kil. du chef-lieu de canton, Maîche. Jolies promenades dans un rayon assez rapproché.

HOTELS : de l'Etoile (Chauvin), 1 chambre, prix de pension à débattre.

du Cerf (Gaume), 2 chambres, prix de pension à débattre.

Charquemont. — Alt. 890 m. — Pop. 2,000 h. - ☒ ⚓ 🕿 ⚞ — Médecin, pharmacien. — A proximité des Gorges du Doubs. Magnifiques promenades à la Cendrée, le Refrain, la Rasse, les Echelles et l'Usine de la Mort. Bourg industriel important.

HOTELS : du Lion d'or (L. Frésard), 10 chambres, électricité, WC. à l'étage, chauffage central, pension 6 fr. par jour. — Arrangements pour familles. Lauréat du Concours départemental d'Hôteliers.

de la Poste (L. Vuillin), 9 chambres mises à neuf, WC. à l'étage, chauffage central, électricité, pension 6 fr. par jour, prix à débattre pour enfants.

APPARTEMENTS : Jeannoutot, Paul, 1 chambre meublée, électricité, 25 fr. par mois.

Frézard, Henri, près de la Forêt, 1 chambre meublée, électricité, 30 fr. par mois.

Barbier, Gustave, sur la place, 3 chambres meublées à louer ensemble ou séparément, électricité, chacune 30 fr. par mois.

Tissot, Honeste, près la gare, 1 chambre meublée, lingerie, électricité, 25 fr. par mois.

Froidevaux, Justin, près la gare, 2 chambres et cuisine, vaisselle, lingerie, électricité, 50 fr. par mois.

Chatelain, Léon, près la gare, 1 chambre, lingerie, électricité, 30 fr. par mois.

Maîche. — Alt. 790 m. — Pop. 2,300 h. — ☒ ⚓ 🕿 ⚞ — Service automobile pour Saint-Hippolyte-sur-le-Doubs P.-L.-M. (12 kil., 2 fr., bagage 15 kilos). — Médecins, pharmaciens, approvisionnements de toutes sortes. Chef-lieu de canton; très commerçant ; entouré de toutes parts par des forêts de sapins. Nombreuses promenades fort intéressantes : les Gorges du Doubs, La Goule, le Refrain, Biaufond, l'Ermitage, Gorges de Valory, Gorges de Varin, le Dessoubre, route du Pont-Neuf, etc.

HOTELS : du Lion d'Or (L. Jacquot), 17 chambres T. C. F. très propres, récemment restaurées. WC. à l'étage. Pension 6 fr., enfants 3 fr., électricité, chauffage central.

du Commerce (Vve Nappey), 17 chambres fraîchement réparées, pension 5 fr. 50, enfants 3 fr. par jour, électricité, chauffage central.

des Halles (Perrot), 12 chambres, pension 6 fr. par jour, enfants 3 fr., électricité.

de la Couronne (Vve Barbier), 12 chambres, pension 5 fr. 50 par jour, enfants 3 fr., électricité.

Pension Ponard, 9 chambres, pension 6 fr. Arrangements pour longs séjours (les locataires peuvent faire eux-mêmes leur cuisine).

APPARTEMENTS: Renaud, Constant, plusieurs chambres meublées à louer ensemble ou séparément, conditions à débattre.
Narbey, 2 chambres, linge de lit, prix à débattre.
Ch. Jeambrun, 2 chambres meublées, vaisselle et lingerie, prix à débattre.

Les Bréseux. — Alt. 870 m. — Pop. 385 h. — Bur. de poste à Maîche (7 kil.) Automobile, service public pour Maîche et St-Hippolyte-Gare. Intéressantes excursions : au Fondereau, à la Douve, à la Grotte de l'Ermitage, à Valory, au Château du Diable.

HOTELS: des Bréseux (Jacquot), 2 chambres, pension 5 fr. environ, conditions à débattre.
de Maison-Neuve (Jacquot) 1 chambre, prix de pension 80 francs par mois
de Maison-Rouge (Jeambrun), 3 chambres, prix de la pension, 80 fr. par mois.
APPARTEMENT: M. Alcide Piquerez, 3 chambres meublées et cuisine, vaisselle et linge, prix à débattre.

Damprichard. — Alt. 825 m. — Pop. 1,150 h. — ⊠ ⚲ 🚲 🚂. Médecin. Lieu de séjour agréable : voisinage des Gorges du Doubs ; promenades très variées en forêt, au beldévère du Pré Maillot, à Charmauvillers (5 kil.), aux Essarts-Cuenot et à la Charbonnière, etc.

HOTELS: du Lion d'Or (L. Mougin), 8 chambres, pension de 5 à 6 fr., électricité.
des Voyageurs (L. Girardier), 4 chambres, électricité, prix à débattre.
du Commerce (Vve Burdet), 2 chambres, électricité, prix à débattre.
APPARTEMENT: M. Duroy, 6 pièces meublées, avec terrasse.

Trévillers. — Alt. 800 m. — Pop. 450 h. — ⊠ ⚲ 🚲 🚂. — Voitures à volonté. — Environs intéressants : le Doubs à Vaufrey et à Goumois, Gorges du Doubs, etc. Tous approvisionnements sur place.
HOTEL du Cerf (Gatimel), 20 chambres, WC. aux étages, pension 5 fr., électricité.
APPARTEMENT: M. Tirole, maire, 1 chambre, linge de lit, 30 fr. par mois.

Goumois. — Alt. 500 m. — Pop. 175 h. — ⊠ ⚲ 🚲. — Voiture publique de Maîche et de Damprichard (9 kil.). Site très agréable sur le Doubs, curiosités pittoresques nombreuses dans les environs immédiats. Pêche.
HOTELS: Taillard, cuisine renommée, 10 chambres, pension de prix variable, au gré des clients.
de la Couronne (P. Maître), prend pensionnaires, prix à débattre.
APPARTEMENTS: P. Varin, jolie maisonnette avec jardin, 3 pièces meublées, prix à débattre.
L. Tardy, 5 pièces, conditions à débattre.

Gorges du Doubs. — *La Goule* (Suisse), à 6 k. de Goumois, accès facile de Damprichard et Charmauvillers.
RESTAURANT: M⸱ Béguelin, cuisine soignée.
La Verrerie, Restaurant Beau-Rivage.

Usine du Refrain. Chalet-hôtel (M. Chatelain), au pied des Echelles de la Mort. 5 chambres, prix de pension à débattre,

Les Gaillots (Suisse) Hôtel-restaurant du Refrain (M. Bonnot), location de bateaux.

Blaufonds (Suisse). ☒ Hôtel du Pont, 2 chambres.

La Rasse. Hôtel Von Kanel, 4 chambres, repas à 2 fr. 5o. Prix spéciaux pour pensionnaires (adresser la correspondance à M. Von Kanel, à Maison-Monsieur [Téléph] (Suisse).

Maison-Monsieur (Suisse) ☒ [Téléph], Hôtel-pension Fahrny. 9 chambres, repas à 2 fr. 5o, vin non compris, prix spéciaux pour pensionnaires.

Le Saut du Doubs (Suisse) [Téléph] Repas à 2 fr. 5o. vin non compris. Plusieurs chambres, prix spéciaux pour séjour.

Ligne de Besançon à Amathay-Vésigneux
(Plateau d'Amancey)

Beure. — à 4 kil. 1/2 de Besançon, but de promenade des Bisontins, rochers et cascades du Bout du Monde, roches d'Arguel. [🚋], tramway d'Amathay.

RESTAURANTS: Fleuret et Ployer, très fréquentés.

APPARTEMENT: M. Narcisse Morel, chambre à deux alcôves meublée, avec balcon sur rue.

Busy. — Alt. 295 m. — Pop. 3oo h. — Bureau de poste de Boussières à 4 kil. — ♂ [Téléph]. — Gare de Busy-Larnod à 181o m. — Village bien situé à égale distance des vallées du Doubs et de la Loue, à 1o kil. de Besançon, forêt proche, belles promenades.

RESTAURANTS: Valfrey, à Busy.
          du Comice, à 15oo m. de la gare, Vᵉ May.
          de la halte de Busy-Larnod, A. Roy.

APPARTEMENTS: M. A. Bresilley à Busy, téléph. n° 2, maison récemment construite, 11 pièces, meublées ou non, toutes indépendantes pour 2 familles, à 8oo m. de la gare.

M. Maurice Martin, à Busy, 6 pièces au 1ᵉʳ étage à meubler au gré du localaire. 4o à 5o fr. par pièce pour la saison.

Montrond. — Alt. 45o m. — Pop. 325 hab. — [Téléph] [🚋]. Bureau de poste à Epeugney. — Ruines d'un vieux château. Puits de la Belle-Louise, grottes du Caveau.

RESTAURANTS: Simplot, 4 chambres, pension depuis 8 fr., électricité.
          Braise, 4 chambres, pension 8 fr., électricité.

APPARTEMENT: M. Etienne Simplot, 6 chambres et cuisine meublées, vaisselle. linge, 2oo fr. par mois.

Epeugney. — Alt. 48o m. — Pop. 24o h. — ☒ ♂ [Téléph] [🚋]. Près bois, chasse, promenades à Rurey et à la Loue, panorama du Mont des trois-croix.

HOTELS: au Grand Cordon-bleu, (Côte-Colin) 5 chambres, pension depuis 4 fr. 5o, électricité.
          Au rendez-vous des chasseurs (S. Florin) 3 chambres, pension 5 fr. par jour.

APPARTEMENT: M. Fargeix, 2 chambres, vaisselle et lingerie 6o fr. par mois.

Scey-en-Varals. — Alt. 320 m. — Pop. 200 h. — Bureau de poste de Maizières, à 4 kil.   Tramway d'Amathay ou gare de Maizières P.-L.-M. - Bien placé sur la Loue, à 2 kil. en amont de Cléron.

APPARTEMENT : M. Cachot, 2 chambres meublées et cuisine, vaisselle, linge, prix par mois 40 fr.

Cléron. — Alt. 315 m, — Pop. 340 hab. — [十百] 🚃. Bureau de poste de Maizières. — Sur la Loue, dans un site très pittoresque. Beau château restauré, avec un magnifique parc en bordure de la rivière. Nombreuses et intéressantes promenades: au moulin d'Ecoutot, en suivant la Loue en aval du village, ou à Maizières P.-L.-M. en en remontant le cours ; au miroir de Scey, aux ruines du Château St.-Denis ; aux grottes de Nahin ; aux vallées de Norvaux et de Valbois ; au belvédère du rocher de Colonne ou du Croc.

HOTELS: de la Poste, 4 chambres, pension 5 à 6 fr.
Restaurant Jouffroy.

Fertans. — Alt. 539 m. — Pop. 280 hab. — [十百] 🚃. Bureau de poste à Amancey. - Joli point de vue sur la vallée de la Loue et le site de Cléron, cascade du bief au dessous d'une scierie.

HOTEL des Voyageurs (M⁰ᵉ Vᵉ Chambelland).

Amancey. — Alt. 580 m. — Pop. 620 hab. — ✉ 🕿 🚃 [十百]. — Chef-lieu de canton. Médecin. - Promenades aux fontaines de Pommegoux et de la Pisse, à Norvaux et à Malans.

HOTELS: de la Terrasse (Denlu), 4 chambres, pension 80 fr. par mois.
Boultegon fils, 3 chambres, prix à débattre.

Bolandoz. — Alt. 630 m. — Pop. 460 hab. — ✉ 🕿 [十百]🚃. Bien situé au pied de la côte de Maillot (870 m.) dont la crête longue de 7 à 8 kil. offre plusieurs points de vue très remarquables (accès par la gorge de Rochanon) ; goufre de Jérusalem.

HOTEL, David-Courbet, cuisine renommée, 4 chambres, pension 7 fr. ; électricité.

APPARTEMENTS Mᵐᵉ Salomon propriétaire, maison nouvellement réparée, 2 logements de 3 ou 4 pièces, prix à débattre.

Déservillers. — Alt. 650 m. — Pop. 500 hab. — [十百]. Bureau de poste à Amancey. Gare de Bolandoz à 4 kil. 1/2. — En amphithéâtre à l'extrémité de la côte. — Promenades au Saut de Rochanon, aux belvédères merveilleux de la ferme de la Fly (2 kil.) et de Montmahoux (4 kil.). Grottes intéressantes des Biefs-Bousset, etc.

HOTELS: Comte et Audersel, prix de pension peu élevés, électricité.

Reugney. — Alt. 700 m. — Pop. 300 hab. — 🚃 [十百]. Bureau de poste à Bolandoz. — Village bien situé pour cure d'air, au pied de la côte de Maillot.— Promenades en forêt, à la cascade d'Avis, au belvédère de la Grange d'Arundel, belle grotte (300 m. de long), sur la montagne, d'accès facile. — Voitures à volonté chez M. Micaud.

HOTELS : Micaud, 4 chambres, pension 6 fr., arrangements pour familles ; électricité.
Restaurant Gavasse, pension 5 fr.
Restaurant Vuillaume, prix de pension à débattre.

APPARTEMENT : M. Louis Clerc, 5 pièces et cuisine (pour 1 ou 2 appartements séparés) à l'étage avec balcon, eau sur l'évier, WC. avec chasse d'eau, électricité ; remise à auto. Vaisselle, linge, jardinage, lait à la maison. Belle exposition, disposition commode, maison moderne construite en 1913. Prix à débattre.

Amathay-Vésigneux. — Alt. 700 m. — Pop. 375 hab. — ♂ ⊠. Bureau de poste à Vuillafans, ⚞ à 2 kil. et P.-L.-M. à Vuillafans (8 kil.). — Beaux points de vue dans les environs, forêts de sapins, grottes, source du Bief noir : bon pays de chasse.

HOTEL Jeandroz, pension à prix très modérés, électricité.

Lignes de Pontarlier à Mouthe (Ht-Doubs)
et de Pontarlier à Jougne

Pontarlier. — Alt. 835 m. — Pop. 9.000 h. — ⊠ ♂ 📞 ⚞. — Chef-lieu d'arrondissement situé sur le Doubs, au pied du Larmont, à l'entrée du défilé de la Cluse que défend l'antique donjon des sires de Joux. Centre de commerce très important, très animé pendant la belle saison par suite de la présence de troupes d'artillerie au champ de tir. — Médecins, pharmaciens, garages d'automobiles, voitures à volonté : station pour sports d'hiver. Tramway de Pontarlier à Mouthe ; voiture publique pour Mouthier Hte-Pierre. — Renseignements sur les nombreuses promenades à faire dans les environs, sur les locations, sur les sociétés de sport au Syndicat d'Initiative, 20, Grande rue.

HOTELS : de la Poste (F. Lamour) téléph. 36. Conditions spéciales pour séjour d'été. Lauréat du Concours départemental d'Hôteliers.
de la Gare et du Château d'Eau (A. Andrey), téléph. 6, chambres modernes, prix de pension à débattre.
Grand Hôtel de Paris (Calame-Fleury) téléph. 28. Confort moderne.

RESTAURANTS : Buffet de la Gare (M. Pinard), vins renommés, cuisine soignée.
Au Chateaubriand (Brelot), près la poste et la gare.

La Cluse. — Alt. 840. — Pop. 1.000 hab. — ⊠ ♂ 📞. — Gares de Mijoux et du Frambourg P.-L.-M. ; de la Cluse, tramway de Mouthe. — Rivière, forêts ; nombreuses promenades ; joli site.

HOTELS : de la Poste (Vve Guyon), 5 chambres, électricité pension 3 fr.
du Lion d'Or (J.-B. Guyon), 2 chambres, électricité, pension 3 fr.

APPARTEMENTS : M. Guyon, agent d'assurances, Cie l'Abeille, à Pontarlier, 4 pièces meublées au rez-de-chaussée, 2 à 300 fr. pour la saison ; 5 pièces à l'étage (2 logements de) 3 à 400 fr. pour la saison.
M. P.-A. Côte, 18 bis, rue des Bruyères, à Asnières (Seine). Pavillon moderne. 6 chambres, salon, salle à manger, cuisine, WC.

salle de bains, eau et électricité, cave, jardin, remise, à louer en
bloc ou séparément en 1 appartement, 1 petit logement, ou chambres
indépendantes. Conditions à débattre.

Oye-et-Pallet. — Alt. 850 m. — Pop. 368 hab. — ⊠ ⚡ 📞
🚋. — Bien situé au bord du Doubs, près du lac de St-Point,
voisinage immédiat de forêts, pêche; bon lieu de séjour.

HOTELS: Vve Parriel, 30 chambres modernes confortables, électricité, chauffage central, WC. aux étages, pension,
6 à 7 fr. Lauréat du Concours départ. d'Hôteliers.

Pernot, 10 chambres, éclairage électrique, prix de la
pension, 6 à 7 fr.

APPARTEMENTS: M. Lucien Barthelet, 10 chambres meublées,
vaisselle et linge, prix à débattre.
Mme Vve Lucien Vieille, 8 chambres non meublées.
M. Dionys Pône, négociant en vins à Pontarlier, 6 chambres meublées et cuisine, prix à débattre.
M. Marguier, pharmacien à Arc-et-Senans (Doubs), 5 chambres non
meublées.

Saint-Point. — Alt. 865 m. — Pop. 120 h. — Bureau de poste
d'Oye et Pallet à 6 kil., ⚡ 📞. Gare d'Oye-et-Pallet. — Sur
la rive gauche du Lac, en face de Malbuisson (2 kil. par
eau).

HOTELS: du Centre (Monnot), 5 chambres, électricité, pension à
partir de 5 fr.
de la Rive (V. Pourny), 2 chambres, électricité, pension
à partir de 5 fr.

APPARTEMENTS: M. Paris, négociant en vins, 6 chambres et
cuisine, WC. au 1er étage, salle de bains, vaisselle, linge (automobile)
prix à débattre.
M. Hébert Barthelet, 2 chambres meublées, prix à débattre.

Malpas. — Alt. 900 m. — Pop. 150 hab. — Bureau de poste
et gare à Oye-et-Pallet (5 kil.). Village entouré de belles forêts
de sapins avec petit lac; voisinage du lac de St-Point (2 kil.).
Approvisionnements faciles à Pontarlier et Vaux-et-Chantegrue
rapprochés. — Voitures à volonté.

HOTELS: Vallois, 2 chambres, pension depuis 5 fr.
Paris-Laresche, 2 chambres, pension depuis 5 fr.

APPARTEMENTS: Dicile, menuisier, maison située à 300 m. du
lac, 4 pièces avec balcon à l'étage, meublées à volonté, 200 fr. pour
la saison; lait, œufs, beurre à la maison.
Vve Baud, 3 pièces meublées; prix à débattre.

Chaon. — Alt. 930 m. — (Hameau de la commune de Montperreux). Bureau de poste à Malbuisson, 📞 🚋. — Belle vue
sur le lac de St-Point; petit port, embarcations, pêche.

APPARTEMENTS: M. Emile Louvrier à Chaon par Malbuisson;
maison seule, 3 pièces au rez-de-chaussée, 4 à l'étage, jardin, prix à
débattre. — A Chaudron, hameau voisin, 2 pièces à l'étage, prix à
débattre.

Chaudron. — Hameau de la commune de Montperreux.
HOTEL, Ch. Martin, 6 chambres, pensionnaires.

Montperreux. — Alt. 1.000 m. — Pop. 325 h. — 📞 🚋.
Bureau de poste à Malbuisson (5 kil.). — A 150 m. au-dessus

du lac, à proximité de magnifiques forêts de sapins, promenades intéressantes sur la montagne, à la source bleue, à la source intermittente de Fontaine-Ronde, belle vue sur le lac de Saint-Point, distant de 1 kil. 1/2, et sur la vallée de Remoray, 17 kil. de longueur.

HOTEL Paul Roux, 2 chambres.

APPARTEMENTS : M. Arsène Mouraux à Montperreux, 5 grandes pièces meublées et cuisine, vaisselle, prix à débattre.

M. Arthur Mouraux, maire de Montperreux, 3 pièces et cuisine à l'étage, en vue du lac, prix 90 fr. par mois.

M. Ch. Côte à Montperreux, maison Petite, 4 pièces meublées, rez-de-chaussée et étage, réparées à neuf, WC. à l'étage, prix à débattre.

Malbuisson. — Alt. 870 m. — Pop. 265 h. — ✉ ☎ 📞 ⚓. Approvisionnements de toutes sortes. — Station très fréquentée pendant la belle saison, village propre où les touristes reçoivent bon accueil. Très nombreuses excursions offrant une grande variété, embarcations de plaisance pour promenades sur le lac de St-Point; pêche. — Syndicat d'initiative : *Les Amis de Malbuisson.*

HOTELS récemment construits, chambres hygiéniques. Confort moderne.
>du Lac (Aymard), pension depuis 7 fr.
>Beau-Site (Aymard), pension depuis 7 fr.
>Courvoisier, pension depuis 6 fr. 50.
>Victor Pône, pension depuis 6 fr. 50.
>Thiébaud, 16 chambres, pension de 6 à 7 fr.

VILLAS et APPARTEMENTS : Consulter la liste des villégiatures publiée par le *Syndicat des Amis de Malbuisson.* S'adresser au secrétaire, M. Josse, à Malbuisson (Doubs).

Granges-Sainte-Marie. — Alt. 860 m. — Pop. 65 h. — Bur. de p., télégr. et téléph. à Labergement-Sainte-Marie (1 kil. 5). Petite commune comprenant plusieurs hameaux : Le Coude, l'Abbaye, les Frètes, à proximité des Lacs de Saint-Point et de Remoray; chasse et pêche, canotage; belles excursions dans les environs de Labergement et de Malbuisson.

RESTAURANT du Pont (Robbe Emile).

APPARTEMENTS : Mlle Lorin, institutrice en retraite, 5 pièces, vaisselle et lingerie. Pour la saison, 300 à 350 fr.

M. E. Denizet, adjoint au maire, à Pontarlier, renseignements sur plusieurs logements à louer.

Labergement-Sainte-Marie. Alt. 860 m. — Pop. 450 h. ✉ ☎ 📞 ⚓. Sur le Doubs, belle exposition, facilité d'approvisionnements; centre d'excursions intéressantes, Fourpèret, le Mont d'Or, etc.; pêche dans le Doubs et les lacs de Saint-Point et de Remoray très rapprochés.

HOTEL de la Gare (L. Petite), pension 6 fr. par jour, électricité.

RESTAURANT Blondeau, pension depuis 5 fr., électricité.

APPARTEMENTS : Paul Guy à Labergement, 4 chambres, vaisselle, 300 fr. pour la saison.

M. Pâris, 12, rue Ch.-Fourier à Besançon, 5 chambres et cuisine, salle de bain, jardin, électricité, WC. dans la maison, 400 fr. pour la saison. — 3 pièces et cuisine, 250 fr. pour la saison. Une ou deux pièces supplémentaires peuvent être ajoutées à l'un ou à l'autre logement.

Mouthe. — Alt. 935 m. — Pop. 825 h. — ⊠ ☎ 📞 📞 . Chef-lieu de canton. Vastes forêts de sapin, source du Doubs, grottes de la Caille, panorama de l'Alpage Turchet, mont de Saint-Sorlin ; pêche : truites et écrevisses.

HOTELS : du Commerce (Royet, Camille), plusieurs chambres, pension 6 fr., électricité, WC. à l'étage.
du Centre (Royet, Jean), plusieurs chambres, pension 6 fr., WC. à l'étage, électricité.

APPARTEMENTS : M. Emile Bouveret, à Mouthe, plusieurs chambres, prix à débattre.
M. Joseph Létoublon, 5 chambres meublées, toutes indépendantes, près du Doubs, 30 à 35 fr. la pièce pour 2 mois.
Mᵐᵉ Vᵉ Vuez, 2 chambres, prix à débattre.
M. Gustave Blondeau, 2 chambres, prix à débattre.

Les Hôpitaux-Neufs, — Alt. 992 m. — Pop. 250 h. — ⊠ ☎ 📞 📞 . Très fréquenté par les touristes, séjour d'été très apprécié ; grande facilité d'approvisionnements. Beau centre d'excursions : Sainte-Croix, le Suchet, le Mont-d'Or, la Cascade du Day, la Dent de Vaulion, Vallorbe, la source de l'Orbe, les lacs de Joux et de Saint-Point, Fontaine-Ronde, source intermittente.

HOTELS : de la Gare (Paquette), 15 chambres, électricité, pension prix à débattre.
du Centre (Côte-Colisson), 4 chambres, pension 5 à 6 fr. électricité.

APPARTEMENTS : Mme Lanchy, aux Hôpitaux-Neufs, 9 chambres, vaisselle, lingerie, 250 à 275 fr. par mois (à diviser à volonté en deux appartements).
M. Bole, Léon, aux Hôpitaux-Neufs, 5 chambres, vaisselle, lingerie ; 150 fr. par mois.
M. Eug. Perret, aux Hôpitaux-Neufs, 5 chambres, vaisselle, lingerie ; 300 fr pour la saison.
M. Alb. Maire, aux Hôpitaux-Neufs, 5 chambres, dont 2 mansardées, vaisselle, lingerie ; 150 fr. par mois.
M. Narcisse Depierre, aux Hôpitaux-Neufs, 4 chambres, vaisselle et lingerie ; 120 fr par mois.
M. Alf. Maire, percepteur, 14, Grande-Rue à Besançon, maison contenant 20 chambres (6 logements indépendants) pouvant être utilisés pour pension de touristes, à vendre ou à louer.
M. Emile Lanchy, aux Hôpitaux-Neufs, 9 chambres, vaisselle, lingerie, jardin, éclairage électrique. — 5 chambres, vaisselle, lingerie, remise, jardin, éclairage électrique. Prix à débattre.

Jougne. — Alt. 1,000 m. — Pop. 1,100 hab. — ⊠ ☎ 📞 . Gare des Hôpitaux-Jougne à 3 kil., voiture publique. Médecin, pharmacien. — Chef-lieu de canton. Très joli choix de promenades des deux côtés de la frontière franco-suisse, sommets du Suchet, du Mont d'Or, aiguille de Baulmes, vallées de Laferrière, de la Jougnenaz.

HOTELS : de la Couronne (Alph. Poix), 14 chambres, pension environ 6 fr. par jour, électricité.
du Centre (Vᵉ Lanquetin), 6 chambres, pension environ 5 fr. 50 par jour ; électricité.

APPARTEMENTS :
De 8 pièces : M. Dubrigeon, Emile, prix à débattre.
De 6 pièces : M. Octave Prince, vaisselle et lingerie, prix 4 à 500 fr. pour la saison.
Mᵐᵉ Vᵉ Barrand, vaisselle et lingerie, prix 4 à 500 fr. pour la saison.

M. Aimé Saillard, vaisselle et lingerie, prix, par mois, 150 fr.

M. Emile Poix-Daude, cave, grenier, buanderie, jardin, 1er juillet-1er septembre, 500 fr.

De 5 pièces : M. Poix-Daude, 2 appartements, lingerie, vaisselle, WC. à l'étage, pour la saison 6 à 700 fr. chacun.

M. Paul Parriaux, vaisselle et lingerie, prix 3 à 400 fr. pour la saison.

M. Paul Galliot, vaisselle et lingerie, prix 120 fr. par mois.

De 3 ou 4 pièces : M. Albin Poix, 4 pièces, vaisselle, lingerie, 100 fr. par mois. — Mme Ve Maire, 3 pièces, vaisselle, lingerie, 100 fr. par mois. — M. Arthur Eme, 4 pièces. — M. Maurice Thieulin, 4 pièces. — M. Albert Parriaux. — Mme Ve Pagnier. — Mme Ve Bulle. — M. Constant Poix. — M. Albert Jeunet. — M. Jules Barthelet. — MM. Poix-Daude frères, boulangerie.

De 2 pièces : M. Georges Eme, 2 pièces avec lits à 2 personnes, meublées et cuisine, conditions à débattre

Chambres seules : Mme Gresset, sage-femme. — M. Hyacinthe Wirty. — M. Emile Parriaux.

La Ferrière-sous-Jougne. – Alt. 810 m. — Hameau dépendant de Jougne, situé dans la vallée de la Jougnenaz, à proximité de Jougne et de Vallorbe (Suisse).

APPARTEMENTS : M. A.-S. Bouthiaux, restaurateur : trois appartements dans une maison neuve, aux Tavins, 4 pièces, 3 pièces et 2 pièces meublées à volonté. Forêt à 100 m., eau abondante, remise pour automobile ; dépendances. Prix à débattre.

Ligne de Besançon à Audincourt

et à Saint-Hippolyte

(Vallée du Doubs)

Roche-les-Beaupré. — Alt. 245 m. — Pop. 800 h. — ✉ ⚉ ⛫ ⛪. A 10 kil. de Besançon, sur les rives du Doubs, bac pour Arcier.

RESTAURANTS : Petelin, tient pensionnaires.
Cretin, 3 chambres, pension 120 fr. par mois.
Morel, 2 chambres, pension 90 à 120 fr. par mois.
Vermillard, Maurice.

Arcier. — Alt. 260 m. — Pop. 25 h. Bureau de poste et station P.-L.-M. à Roche-les-Beaupré, à 1 kil., traversée du Doubs en bac. Pêche, sources d'Arcier très pittoresques.

APPARTEMENTS : Deux villas dans parc ombragé, comportant l'une 6 lits, l'autre 8 avec cuisines ; meubles. Location au mois ou pour la saison, prix à débattre. S'adresser à M. Groshenry, gardien, à Arcier, par Roche (Doubs).

Laissey. — Alt. 265 m. — Pop. 550 h. — ✉ ⚉ ⛫ ⛪. — Sur les bords du Doubs ; site pittoresque ; pêche, promenades intéressantes.

— 46 —

HOTELS : Boulanger, bonne cuisine, chambres confortables. Pension 4 à 6 fr. par jour.
Marche, 1 chambre; pension 4 à 6 fr.
APPARTEMENT : Mme Dony, 2 chambres, prix à débattre.

Champlive. — Alt. 395 m. — Pop. 200 h. — Bureau de poste à Bouclans. — Gare de Laissey (4 kil.), voiture publique de Laissey à Bouclans.
PENSIONS : Mlle Berthe Thiébaud, 4 chambres, prix à débattre. Pourrait procurer le logement à une famille de 6 personnes.
M. Louis Alex, 3 chambres, prix à débattre.
VILLA à vendre ou à louer, Mme Ve Girard, 15 pièces meublées.

Baume-les-Dames. — Alt. 269 m. — Pop. 3,150 h. — Sous-Préfecture. ⊠ ✆ 📞 🚆. Voitures publiques et autobus pour Passavant, Rougemont, Sancey, Vercel et le Valdahon. Jolie ville sur la rive droite du Doubs, au milieu d'un cirque de montagnes boisées; nombreuses usines. Très belles promenades dans les environs.
HOTELS : du Commerce (Sandoz), pension à prix modérés,
de la Gare (Allemand-Cachot), pension à prix modérés.
du Rond-point (Déray), entièrement restauré, arrangements pour séjour.
Bonfils, pension-restaurant, chambres meublées.
Bergez, pension-restaurant, chambres meublées.

Clerval. — Alt. 290 m. — Pop. 1.000 h. — ⊠ ✆ 📞 🚆. Chef-lieu de canton traversé par le Doubs, usine métallurgique. — Pêche. Médecin, pharmacien. — Voitures à volonté.
HOTELS : de la Gare (A. Sauvard), 6 chambres, pension à prix modérés.
Taverne comtoise (Adèle Tisserand), pension à des prix modérés.

Mancenans. — Alt. 315 m. — Pop. 350 h. — Bureau de poste et gare à l'Isle-sur-le-Doubs (4 kil.), à 1,500 m. du Doubs, entouré de bois.

Guillon-les-Bains. — Alt. 360 m. — Pop. 115 h. — Bureau de poste et gare de Baume-les-Dames, à 9 kil.
HOTEL-PENSION, sur la route de Baume à Sancey, au bord de la riante rivière du Cusancin qui traverse la propriété, 100 chambres confortables et hygiéniques, mobilier moderne, éclairage électrique, W.C. à chasse aux étages. Salons, salles de lecture et de billard, terrasse ombragée. Bains et douches. Nourriture abondante, variée et soignée. Pension, 6 à 8 francs par jour, suivant l'époque, la durée du séjour, le nombre de personnes de la même famille, l'étage et les chambres choisies. Lauréat du Concours départemental d'Hôteliers.
Transport des pensionnaires à Baume-les-Dames par automobiles ou voitures, 2 fr. par personne, bagage compris. Service journalier de voitures entre Guillon et Baume, 1 fr. 50, aller et retour. — Garage gratuit pour autos, voitures et vélos. — Service médical.
Deux sources, l'une *sulfureuse*, l'autre *ferrugineuse* dans le parc de l'Etablissement.
Excursions nombreuses et intéressantes, pêche, canotage, gymnastique.
Retenir les chambres à l'avance en écrivant à H. Schwennin ge 1, propriétaire-directeur, à Guillon-les-Bains. — Téléphone.

MAISON à louer ou à vendre, 4 pièces, grenier, cave, propriété de
32 ares, arbres fruitiers. S'adresser à Mme Munier, 14, rue des Moulins à l'Isle-sur-le--Doubs.

Voujaucourt. — Alt. 330 m. — Pop. 1.600 hab. — ☒ ⚘ ▦
🚂. — Gros bourg industriel situé sur le Doubs. — Médecin,
pharmacien.
    HOTELS : de la Gare (M. Rième), 6 chambres ; pension 6 fr. 5o ;
        électricité.
        Frossard, 2 chambres ; pension 5 fr. 5o ; électricité.

Montbéliard. — Alt. 320 m. — Pop. 10.500 hab. — Chef-lieu
d'arrondissement. — Ville industrielle située au confluent de
l'Allan et de la Lusine, affluents du Doubs.
    HOTELS : de la Balance (Rang).
        de Paris (Ablitzer).
        de Mulhouse (Hoffert).
        du Tonneau d'Or (Parrot).
        du Lion rouge (Voynat).

Mathay. — Alt. 350 m. — Pop. 58o habit. — ▦ 🚂. —
Bureau de poste à Bourguignon-sur-le-Doubs, non loin de Mandeure (ruines romaines). — Pêche.
    HOTEL : Mme Messagier, pension à prix modérés.

Bourguignon. — Alt. 335 m. — Pop. 5oo hab. — ⚘ ▦ 🚂.
— Sur le Doubs, usines métallurgiques ; beaux points de vue
dans les environs ; pêche sur le Doubs et dans la Ranceuse ; à
5 kil. de Pont-de-Roide.
    HOTEL de la Gare (A. Thiphine), 2 chambres, pension prix à
débattre.

Pont-de-Roide. — Alt. 365 m. — Pop. 2.800 hab. — ☒ ⚘ ▦
🚂. — Chef-lieu de canton, baigné par le Doubs. — Environs
très pittoresques, promenades aux grottes curieuses de Reclère
(15 kil.), de Rochedane (5 kil.), aux Roches, au Lomont, au
val de la Ranceuse, aux ruines du château de Neufchatel-
Urtière.
    HOTELS : des Voyageurs (A. Boillot), 12 chambres confortables,
        W.-C. à l'étage, pension de 5 à 6 fr. ; électricité.
        du Tonneau d'Or (H. Boulanger), 4 chambres, pension
        de 5 à 6 fr. par jour ; électricité.
        de la Gare (A. Bretey), 4 chambres, pension de 5 à 7 fr. ;
        électricité.
    APPARTEMENT : Villa des Fleurs, M. Faivre à Vermondans
4 chambres, vaisselle et lingerie, 120 fr. par mois.

Noirefontaine. — A 5oo m. de

Villars-sous-Dampjoux. — Alt. 365 m. — Pop. 400 hab. — ☒
⚘ ▦ 🚂. — Dans une partie intéressante de la vallée du
Doubs, à l'embouchure de la Barbêche. — Promenades : Château de Châtillon-sous-Chaux, la Cuve, le Lomont, Mirlibey, les
Fontenys, la Grotte de Monvallon. — Pêche dans le Doubs et
la Barbêche.
    HOTELS : Maillard Alcide, à Villars, 4 chambres, pension 5 à 6 fr.
        par jour, garage, W.-C., Touring, téléphone.

HOTELS : Froidevaux, à Villars, 3 chambres, pension depuis 5 fr.
Voisard, à Noirefontaine, mêmes conditions.
APPARTEMENTS : à Noirefontaine, M. Aimable Maillard, 4 pièces.
M⁰ Gainet, 4 pièces ; par mois, 80 à 120 fr.
A Villars-sous-Dampjoux : M. Jacquel, 3 pièces.
M. Lahouse, villa Mongin, 2 pièces.
Mme veuve Lajeanne, 2 pièces.
M. Reymann, 2 pièces, prix à débattre.
M. l'abbé Rougeot, curé de Dampjoux, 2 pièces meublées indépendantes dans maison habitée, à 10 minutes de la gare 20 fr. par mois pour deux mois.

Saint-Hippolyte. — Alt. 387 m. — Pop. 1,200 hab. — ⊠ ⚊ 🕾 🚂. — Chef-lieu de canton très bien situé au confluent du Doubs et du Dessoubre. Excursions nombreuses et variées. Grottes de la Roche, de Reclère, château de Chatillon, belvédère du Lomont ; Pêche dans les deux rivières. — Médecin, pharmacien. — Service d'omnibus automobile pour Maîche.
HOTEL de la Terrasse (Brouhaud fils), 12 chambres modernes T. C. F., W. C. aux étages, électricité, chauffage central ; grande salle à manger avec belle vue sur le Doubs. Lauréat du Concours départemental d'Hôteliers.
APPARTEMENTS : M. Mauvais, 2 pièces meublées, prix à débattre.
Villa « Vallombreuse », à 1 kil. sur le Dessoubre, 10 pièces, et chalet indépendant, 9 pièces, à vendre ou à louer, s'adresser à M. Delarue, à St.-Hippolyte.

Vaufrey. — Alt. 400 m. — Pop. 320 h. — ⊠ ⚊ 🕾. Gare de Saint-Hippolyte à 11 kil. Voitures publiques pour Saint-Hippolyte et pour Glères et Saint-Ursanne (Suisse). Joli petit village sur le Doubs au pied de la Roche-d'Or, ruines de châteaux, vieille église, environs intéressants.
HOTEL de la Poste (E. Fierobe), 5 chambres modernes, WC., touring, électricité, bonne cuisine. Pension, 5 fr. Lauréat du Concours départemental d'Hôteliers.

Audincourt. — Alt. 325 m. — Pop. 7,600 hab. — ⊠ ⚊ 🕾 🚂. — Chef-lieu de canton. Centre industriel très important, situé sur le Doubs. — Tramway à vapeur pour Hérimoncourt (vallée du Gland) et pour Beaulieu.
HOTELS : Terminus (Boulteret), chambres modernes, T. C. F., mobilier neuf, salle de bains, W. C. aux étages, eau chaude et froide, chauffage central, électricité. Téléph. 35. Lauréat du Concours départ. d'Hôteliers.
de la Poste (Goll), 12 chambres, pension 6 fr. 50 ; électricité.
Modern-Hôtel (Breuillard), près la gare, 5 chambres, pension 7 fr. ; électricité.
Lutringer, 10 chambres, pension 7 fr. ; électricité.

Blamont. — Alt. 575 m. — Pop. 560 hab. — ⊠ ⚊ 🕾. Gares de Pont-de-Roide à 8 kil. et du tramway d'Hérimoncourt (9 kil. autobus). — Petite ville très saine, bien aérée, construite sur un promontoire surplombant la vallée du Gland, fréquentée par de nombreux touristes. — Médecin, pharmacien. Voitures. — Plusieurs promenades curieuses dans un rayon assez étendu.
HOTEL Bondenet, pension prix modérés.
APPARTEMENTS : Mme Guillemin, 3 pièces, vaisselle et lingerie, 180 fr. par mois. — Une pièce seule, 60 à 70 fr. par mois.

Ligne de Besançon à Mouchard
et à Pontarlier

Torpes. — Alt. 300 m. — Pop. 460 h. — ▩. Bur. de p. à côté de la papeterie de Torpes-Boussières. Dans la vallée du Doubs ; voisinage de forêts, beaux panoramas sur la vallée, château fréquenté par Voltaire ; jolies promenades aux grottes d'Osselle, au belvédère de Notre-Dame-du-Mont, etc. ; pêche.

HOTELS : du Centre (Rollin-Debouche), 3 chambres, pension 5 fr., électricité.
    de la Gare (Brochet), 3 chambres, prix de pension à débattre.
    du Chalet (Weiss), 2 chambres, prix à débattre.
APPARTEMENTS : M. Guiot, 7 pièces vastes et bien aérées, meublées, dans une maison de maître, close, 350 fr. pour la saison.
M⁰ᵉ Faucompré, à la Piroulette, château meublé, 10 pièces.

Byans. — Alt. 295 m. — Pop. 475 h. — ▩ ♆ ▩ ▩. Voiture publique de la gare de Byans à Quingey. — Le Doubs et la Loue à courte distance, beau point de vue à la ferme de Goulot ; les grottes d'Osselle (à 2 k. 5) éclairées à l'électricité.

HOTELS : de la Gare (V⁰ Morel), 4 chambres, pension 75 fr. par mois, électricité.
    de la Place (P. Barbier), 2 chambres, pension 70 fr. par mois, électricité.

RESTAURANT au pont de Reculot, à 1.200 m. de la gare (Renault), bonne cuisine, poisson frais, salle pour sociétés.

Liesle. — Alt. 255 m. — Pop. 625 h. — ▩ ♆ ▩ ▩. Sur le bord de la forêt de Chaux à 2 kil. de la Loue.

HOTEL Pélot et Viennet, aubergistes, pension 70 à 80 fr. par mois.
APPARTEMENTS : M. Virgile Maillot, renseignements pour locations.
M. Dhoutaut, ancien notaire, à Ornans : appartements meublés à louer, au Château, près de la gare.

Buffard. — Alt. 270 m. — Pop. 300 h. — Bur. de poste et gare de Liesle à 3 kil. A 500 m. de la Loue dans une jolie exposition ; promenades : la fontaine de Saint-Hilaire, pêche.

HOTEL Jeanneret, 5 chambres, pension depuis 4 fr., électricité.
APPARTEMENTS : M. Louis Grosjean, 3 pièces, lingerie, 120 fr. par mois.
M. Adolphe Lhermite, 3 pièces, lingerie, 120 fr. par mois.

Arc-et-Senans. — Alt. 235 m. — Pop. 1,200 h. — ▩ ♆ ▩ ▩. A l'entrée du Val d'Amour, non loin de la forêt de Chaux et de la Loue. Promenades faciles aux environs de Salins.

HOTELS : Raton (M⁰ᵉ v⁰), 8 chambres, pension 4 à 5 fr. par jour, électricité.
    du Val d'Amour (V⁰ Decurey), T. C. F., 4 chambres, prix de pension à débattre, électricité.
    Graby, 6 chambres, pension 4 à 5 fr. par jour, électricité.
    Restaurant du Balcon (Nicolin), prend pensionnaires.
    L. Clément, prix de pension modérés.

APPARTEMENTS : Mᵐᵉ Vᵉ Curie, 1 pièce meublée, 25 fr. par mois. Defaux, menuisier, 1 pièce meublée.
Vᵉ Roueire, 2 pièces meublées.

Villers-Farlay (Jura). — Alt. 230 m. — Pop. 637 h. — ✉ ☎ 🚂. Gare de Mouchard à 3 kil. Voiture publique matin et soir. Gare d'Arc-et-Senans à 4 kil. Dans le val d'Amour, à peu de distance de la Loue. Pêche.
APPARTEMENTS : M. J. Bondenel, trois appartements en très bon état, agréablement situés, vastes cours, jardin, eau potable, 6 pièces, 350 fr.; 5 pièces, 300 fr.; 4 pièces, 250 fr. pour la saison.

Port-Lesney (Jura). — Alt. 245 m. — Pop. 650 h. — ✉ ☎ 🚂 Gare de Mouchard à 4 kil. Lieu de villégiature très fréquente, agréablement situé sur les bords de la Loue. Centre d'excursions.
HOTEL-Pension « Mon Repos », (Eugène Decoppet), cure d'air, cuisine bourgeoise. Pension depuis 4 fr. 50, arrangements pour familles, électricité, tennis, billard, jeux divers, etc. Site ravissant. Téléphone.
HOTEL-Pension (Bonjour, L.); bonne cuisine, prix modérés.

Nans-sous-Sainte-Anne. — Alt. 350 m. — Pop. 300 h. — ✉ ☎ 🚂. Gare de Salins P.-L.-M. à 13 kil. desservie par une voiture publique (aller et retour 2 fr. 50) et de Bolandoz, tramway de Besançon à Amathay (10 kil.). Voitures et automobiles à volonté chez M. Brocard. — Beau centre d'excursions, à 1 kil. 500 de la source du Lizon.
HOTELS : de la Poste (Brocard), 7 chambres, électricité, garage pour automobiles; pension 5 francs.
de la Source du Lizon (Velut), 6 chambres, électricité, pension 6 fr.
APPARTEMENTS : Mˡˡᵉ Monnerel, maison 6 pièces et dépendances 300 fr. pour la saison.
M. Velut, 5 pièces, belle vue sur le val du Lizon, 150 fr. pour le 1ᵉʳ mois.
M. Arm. Garnier (Pavillon des fleurs), 2 chambres et cuisine, vaisselle et lingerie, 100 fr. par mois.
MAISON, 17 pièces, jardins, terrasse sur le Lizon, s'adresser à Mᵐᵉ Vᵉ Grandclément, à Orgelet (Jura).

Mesnay-Arbois. (Jura). — Alt. 300 m. — Pop. 775 hab. — 🚂 Bureau de poste à Arbois, omnibus de la Gare d'Arbois. — A 2 kil. d'Arbois, sur la Cuisance, jolies promenades notamment aux Planches, à la Source de la Cuisance, aux Roches de la Chatelaine. — Toutes facilités d'approvisionnement, vie, facile et pas cher.
APPARTEMENTS : Mᵐᵉ Vᵉ Papillard, 4 pièces confortablement meublées : 100 fr. par mois. — 2 pièces : 50 fr. par mois. Jardin d'agrément et potager au bord de la Cuisance.
Mᵐᵉ Chenevoy, quartier Champerroux, à Arbois. Vaste maison, 3 pièces confortablement meublées, réparées à neuf, grand jardin, ombrages, belle vue. Prix à débattre.

Pont-d'Héry (Jura). — Alt. 640 m. — Pop. 230 hab. — 🚂 Bureau de poste à Salins.
APPARTEMENTS : Le Château de Chaux sur Champagny, à 1,700 m. de la gare, à 4 kil. de Salins, meublé, 15 pièces avec dépendances, parc, terrasse avec superbe vue. — Dans la même propriété, pavillon meublé, 6 pièces et dépendances. — Grandes facilités d'approvision-

nements, lait, beurre, œufs, volailles, légumes frais sur place. Prix à débattre. — S'adresser au fermier, au Château de Chaux-sur-Champagny, par Salins.

Andelot (Jura). — Alt. 640 m. — Pop. 790 hab. — ☒ ⚡ 🚂 🚃. — Station placée à la bifurcation des lignes de chemin de fer de Paris à Pontarlier, d'Andelot à Morez et d'Andelot à Levier.

HOTEL, Houin, prend pensionnaires, conditions pour séjour.

Chapois (Jura). — Alt. 634 m. — Pop. 385 hab. — Bureau de poste et gare à Andelot (4 kil.). — Fort bien situé sur la lisière de la forêt domaniale de la Joux, arrosé par l'Angillon et la Doye. — Chasse, pêche et excursions ; tous approvisionnements faciles ; voitures à volonté. - Médecin, pharmacien.

APPARTEMENTS : M⁰⁰ Tribut, à Chapois : Chalet Jane, coquet meublé, 9 pièces, jardin, eau, électricité, W. C., propriété close, pour la saison 400 fr. — A la même adresse : maison confortable, 4 pièces au rez-de-chaussée : 250 fr. ; une chambre au 1ᵉʳ étage, 2 lits et cuisine : 100 fr. ; trois pièces dans une maison de culture, cuisine, dépendances, mobilier simple : 100 fr.

Levier. — Alt. 720 m. — Pop. 1.300 hab. — ☒ ⚡ 🚂 🚃. — Chef-lieu de canton. — Médecin, pharmacien. — A proximité de belles forêts.

HOTELS : de l'Ours (Courbet), pension prix modérés.
de la Mairie (A. Jeannin), pension prix modérés.
de la Gare (F. Mariotte), pension prix modérés.
APPARTEMENTS : plusieurs logements garnis à louer, s'adresser à M. le maire de Levier.

Boujailles. — Alt. 820 m. — Pop. 739 hab. — ☒ ⚡ 🚂 🚃. La gare est située à 4 kil. du village.

HOTEL, Gaudet, à la gare, très fréquenté. Au milieu de la forêt de la Basse-Joux, belles promenades, prix spéciaux pour séjour.

Frasne. — Alt. 860 m. — Pop. 1.075 hab. — ☒ ⚡ 🚂 🚃. Village le plus important de la plaine de la Chaux d'Arlier ; vaste étang poissonneux, forêts proches.

HOTEL de la Gare (Genestier), 5 chambres, pension à partir de 6 fr. par jour, W.-C. à l'étage, électricité.

La Rivière. — Alt. 830m. — Pop. 660 hab. — ☒ ⚡ 🚂 🚃. — Jadis bourg fortifié, dans lequel Charles le Téméraire trouva un refuge après son échec de Morat. — Situé au pied de la montagne du Laveron et traversé par le Drugeon dans lequel la pêche est autorisée.

HOTELS : de la Gare (Remy), 3 chambres, pension depuis 4 fr. par jour.
de la Glacière (V⁰ Dornier), 2 chambres, pension depuis 4 fr. par jour.

Bouverans. — A 2 kil. de la Rivière, également sur le Drugeon et au pied du Laveron.

HOTEL Claudet, 3 chambres, pension depuis 4 fr. par jour.

Lignes de Besançon à Vesoul-Lure
et de Besançon à Gray
(VALLÉE DE L'OGNON)

Miserey. — Alt. 280 m. — Pop. 360 hab. — ✉ ☏ ⌧ ⚬. — A 8 kil. de Besançon.

HOTEL-Restaurant de la Gare (Sommereisen), 4 chambres modernes, belle salle à manger-vérandah, cuisine soignée, tonnelles, jardin. Pension depuis 6 francs. Lauréat du Concours départemental d'Hôteliers

Bonnay. — Alt. 240 m. — Pop. 345 hab. — ✉ ☏ ⌧. — Gare de Mérey-Vieilley. — Au pied de la côte de Chailluz (615 m.) d'où l'on a une vue magnifique, et à 1 kil. 5 de l'Ognon; pêche.

HOTEL Suchet, 2 chambres, pension depuis 70 fr. par mois.
Restaurant Bélant, pension à 60 fr. par mois.

APPARTEMENTS : M. Drogoz-Rhim, 3 pièces meublées, vaisselle, lingerie, prix à débattre.

M⁰ Cussignol, rue Gustave Courbet, 6, à Besançon, plusieurs appartements meublés, prix à débattre.

M. de Buyer, château à louer.

M. Malcuit-Jourdain, maison avec jardin et eau (s'adresser au propriétaire, rue des Prisons, 10, à la Butte-Besançon).

Devecey. — Alt. 225 m. — Pop. 150 hab. — ⚬. Bureau de poste de Voray, à 1 kil. — Sur l'Ognon, au pied de la côte de Chailluz; pêche.

HOTEL de la Gare (M. Jacquot), 2 chambres, pension 5 fr. par jour.
RESTAURANT Chaney, à la gare.

Moncey. — Al. 233 m. — Pop. 230 hab. — ✉ ☏ ⌧ ⚬. — Village agréablement situé sur les bords de l'Ognon; promenades dans les forêts, pêche.

HOTELS : des Voyageurs (Martin), 2 chambres, électricité, pension 3 fr. 50 à 6 fr.
de la Gare (Marotte), 3 chambres, pension 5 à 6 fr.
Guichard, 2 chambres, pension 5 fr. par jour.
Marrey, 1 chambre, pension 4 fr. 50 à 5 fr. par jour.

Rigney. — Alt. 230 m. — Pop. 370 hab. — ✉ ☏ Téléph. ⚬ — Sur les bords de l'Ognon, promenades dans les forêts environnantes et au val de la Corcelle assez curieux.

HOTELS : de la Gare (J. Burtheret), 4 chambres, pension depuis 5 fr., électricité.
du Commerce (Ch. Robert), 2 chambres; mêmes conditions que le précédent.
Vᵉ Emile Burtheret, 4 chambres, prix à débattre.

HOTEL : J. Robardet, près la gare, 4 chambres, prix à débattre.

Rougemont. — Alt. 256 m. — Pop. 1.200 hab. — ✉ ☏ Téléph. ⚬. — Chef-lieu de canton. Belle vue sur la vallée de l'Ognon, promenades agréables; pêche.

HOTELS : de la Couronne (L. Stouck', 10 chambres, pension depuis 5 fr., électricité.
Bizot, 8 chambres, pension depuis 4 fr. 50.
APPARTEMENT : M. Rémondez, 2 pièces, 60 fr. par mois.

Emagny. — Alt. 217 m. — Pop.   hab. —   . Bureau de poste à Pin-l'Emagny (1 kil.). Sur l'Ognon ; pêche.

HOTELS : des Voyageurs (Rochey), 4 chambres, pension 5 à 6 fr. environ ; électricité.
  de la Gare (Figuet), 6 chambres, pension 5 à 6 fr. environ ; électricité.

APPARTEMENT : Mme Richard (12, rue Chiffiet, Besançon), 8 pièces meublées, linge, jardin, 110 fr. par mois (pour visiter, s'adresser à Mme Viennot, à Devecey).

Marnay (Haute-Saône). — Alt. 207 m. — Pop. 1.000 hab. —   , chef-lieu de canton sur l'Ognon ; pêche.

HOTEL de la Gare (L. Flat), 6 chambres, électricité, confort moderne, propreté parfaite, excellente cuisine, pension 7 fr. ; barques.

LOCALITÉS DIVERSES

Chenecey-Buillon. — Alt. 280 m. — Pop. 680 h. —   . — Tramway de Besançon à Amathay ; gare de Busy-Larnod (4 kil.). Sur les bords de la Loue, dans un site agréable ; usine métallurgique ; ruines d'un château fort ; grotte curieuse ; pêche.

HOTEL Pidancet, 8 chambres, pension de 70 à 80 fr. par mois.

Saint-Vit. — Alt. 240 m. — Pop. 840 hab. —   . — Sur la ligne de Besançon à Dijon, village important, industriel ; tous approvisionnements sur place : voitures à volonté ; médecin, pharmacien. Belle vue sur la vallée du Doubs, à 1 kil. de la rivière, grottes d'Osselle dans le voisinage ; point de vue de Ferrières, à 2 kil. 5. — Service d'autobus Besançon-Saint-Vit par Audeux et Recologne.

HOTELS : du Soleil d'Or (Perrin), 6 chamb., pens. 5 à 7 fr. ; électr.
  du Faubourg (Combe), 3 chamb., pens. 5 à 7 fr. ; électr.

APPARTEMENTS : Ve P. Huot, 2 pièces, 20 fr. par mois chacune.
Louis Lyet, 1 pièce, 15 fr. par mois.
Mme A. Maître, 1 pièce, prix à débattre.
Mlle Berland, 3 pièces, prix à débattre.
Marion, Anatole, une maison à louer.
Faivre, maison meublée ou non à louer.

Quingey. — Alt. 250 m. — Pop. 860 h. —   . Gare de Byans (ligne de Besançon à Mouchard) à 5 kil., service public de voiture. Petite ville dans un site agréable sur les bords de la Loue, chef-lieu de canton. Belles promenades, pêche.

HOTELS : de la Truite de la Loue (Defeuilly), 6 chambres, électricité ; pension depuis 6 fr. ; téléph. 5.
  de la Poste (Marle), 8 chambres, électricité, pension depuis 5 fr. ; téléph. 9.

APPARTEMENTS : Mme Biche, 4 pièces meublées, vaisselle, lingerie, 100 fr. par mois.
M. Verjus, 5 pièces meublées, vaisselle, lingerie, prix à débattre.
M. Blanc, 1 pièce meublée, 30 fr. par mois.
M. Gannard, 2 pièces meublées, vaisselle, lingerie, 70 fr. par mois.
M. Chanoit à Chouzelot, 5 pièces, 1 cabinet, vestibule, cuisine, salle à manger, office, dépendances, W.C. rez-de-chaussée et 1er étage ; dans un autre corps de bâtiment adjacent, remise, chenil,

chambres de débarras, à l'étage, grand atelier de peinture et 2 chambres, potager, verger, pré au bord de la Lone, droit de pêche. Le tout meublé en bon état. Location annuelle, 700 fr.

Sancey-le-Long. — Alt. 500 m. — Pop. 400 hab. — Bureau de poste à Sancey-le-Grand, à 1 kil. — Service d'autobus de l'Isle-sur-le-Doubs (P.-L.-M.) à Sancey-le-Grand, trajet en 1 h. 15 Excursions: Grotte de la Baume, vallon du Dard, château de Belvoir, etc.; chasse, pêche.

HOTEL de la Grappe d'Or (Louvet), 3 chambres pour pension d'été, 4 lits, éclairage électrique; prix à débattre.

Sancey-le-Grand. — Alt. 500 m. — Pop. 800 hab. — ⌀ ✆ ☒ 🚂 Service d'autobus de l'Isle-sur-le-Doubs à Sancey. — Voiture publique pour Maîche.

HOTEL Maldiney.

APPARTEMENT: M. Gruel, pharmacien, 3 belles chambres et cuisine; prix à débattre.

Mᵐᵉ Fallot (63, Grande-Rue, à Besançon), 7 pièces à l'étage, dépendances, meubles, lingerie, vaisselle; prix à débattre.

HAUTE-SAONE

Bussières. Alt. 230 m. — Pop. 275 hab. — Bureau de poste de Geneuille (Doubs) à 2 kil. — Tramway de Besançon à Vesoul (station) ou P.-L.-M. gare Devecey et Auxon-Dessus, à 5 kil. — Sur les bords de l'Ognon; promenades, pêche.

APPARTEMENT: Mme Dupont, 3 ou 4 pièces meublées avec jardin, 50 ou 60 fr. par mois.

Beaumotte-les-Pin — Alt. 262 m. — Pop. 210 h. — Bureau de poste de Marnay à 6 kil. — Gares d'Emagny et de Brussey, à 3 kil. — A 2 kil. de l'Ognon; chasse et pêche.

APPARTEMENT de 2 à 4 pièces meublées, belle terrasse, jardin. S'adresser à la Mairie.

Voray-sur-l'Ognon. — Alt. 220 m. — Pop. 475 hab. — ☒ 🚂, gare à Devecey, 2 kil.

APPARTEMENTS: M. Painchaux, architecte, 28, r. Chifflet, Besançon. 2 appartements meublés avec jardins: au 1ᵉʳ étage, 300 fr.; au rez-de-chaussée et 1ᵉʳ, 500 fr. pour la saison.

JURA

Saizenay. — Alt. 498 m. — Pop. 224 hab. — Bureau de poste de Salins à 5 kil. Voiture publique de Salins à Nans-sous-Ste-Anne. — Fromagerie importante. — Promenades en forêt, au Gour de Conches (cascade), à Nans-sous-Ste-Anne et à la Source du Lizon, au mont Poupet.

APPARTEMENTS: Mᵘᵉ Marie Piquel, 3 chambres garnies pour une famille ou pour dames seules, prix à débattre. Une domestique cuisinière est à la disposition du preneur.

Salins. — Alt. 350 m. — Pop. 6,000 hab. — ☒ ✆ 🚂 ⚓. — Terminus de l'embranchement de Mouchard, ligne Paris-

Pontarlier. — Station thermale, eaux bromo-chlorurées sodiques. — Centre d'excursions. — Automobiles et voitures à volonté.

HOTELS ET APPARTEMENTS : Adresser les demandes de renseignements au secrétaire du *Syndicat d'initiative*, rue de la République, à Salins-les-Bains.

Les Planches, près Arbois.

PROPRIÉTÉ close, avec parc, sur la rivière la Cuisance ; appartement de 7 pièces, 600 francs pour la saison. S'adresser à M⁴ Simon, Grande-Rue, à Arbois (Jura).

Morbier (Jura). — Alt. 900 m. ☒ ⚡ ▉▉. A 2 kil. de Morez, beaux panoramas sur Morez, de la Roche à la Dame, de Roche devant, belles forêts de sapins avec bons chemins.

HOTEL du Jura (Bertrand sœurs), 7 chambres, électricité ; pension de 5 à 6 fr.

M. Albin Richard, à Morbier. — Maison meublée, située dans la Combe, à louer ; 7 grandes pièces et dépendances, jardin ; pain, lait, œufs, beurre à la maison ; voisinage immédiat des sapins : 400 fr. pour deux mois.

———

Excursions autour de Besançon

En une demi-journée, à pied ou en voiture :

Montfaucon (611 m.) superbe vue panoramique sur Besançon et les montagnes du Jura.

La Chapelle-des-Buis (500 m.) très belle vue des abords de la ville, de la Citadelle et de la vallée du Doubs.

Les Grottes de St-Léonard sur le chemin de la Chapelle des Buis, position pittoresque dominant la vallée du Doubs.

La Côte des Tilleroyes (340 m.) de laquelle on découvre complètement le site de Besançon et les montagnes qui l'entourent.

Les sources d'Arcier, belles cascades formées en partie par le trop plein du réservoir alimentant la Ville de Besançon, jaillissant dans un cirque boisé.

Les monts Beauregard et Bregille, Chaudane et Petit Chaudane, Rognon ou Rosemont et Planoise, collines boisées, facilement accessibles, desquelles la vue s'étend sur de jolis panoramas.

Les Roches d'Arguel, vue superbe sur la vallée du Doubs et la plaine de Dole avec retour par les rochers du **Bout-du-Monde**, belle cascade, et Beure.

Les Grottes d'Osselle, station de Byans (chemin de fer Besançon-Mouchard), 2 kil. 500 à pied.

En une journée, chemin de fer, voiture et marche.

Le Saut du Doubs (chemin de fer de Morteau), par le col des Roches et les Brenets, retour par les bassins du Doubs, les Pargots-France et la station de Villers-le-Lac.

La Source de la Loue (chemin de fer de Morteau) par Lods et Mouthier Hte-Pierre.

Le Puits de Poudrey (chemin de fer de Morteau) par Etalans, retour par l'Hôpital du Grosbois ; grotte aux dimensions grandioses et d'un accès très facile.

La Glacière de la Grâce-Dieu (chemin de fer de Morteau) par Valdahon et Vercel.

Consolation et sources du Dessoubre (chemin de fer de Morteau) par Avoudrey, Fuans et la Roche du Prêtre, à l'aller ; retour par Fuans et Avoudrey.

Fertans et la Loue à Cléron et environs, (chemin de fer d'Amathay-Vésigneux).

Itinéraire d'un voyage en Franche-Comté

permettant de visiter les principales curiosités pittoresques

---

Les parcours indiqués en lettres *italiques* ne peuvent être suivis qu'à pied.

Arrivée à Besançon et visite des sites intéressants des environs.

1er jour: Besançon, Montbéliard, Voujaucourt, St-Hippolyte, Maiche.

2e jour: Maiche à Damprichard *et à Maison-Monsieur* par *les gorges du Doubs*: entrée dans les gorges par Goumois et le moulin de Theusseret ou par Damprichard *et la Goule*.

3e jour: *Maison-Monsieur au Saut du Doubs*, les bassins du Doubs, Morteau et Pontarlier.

4e jour: Morteau à la Roche du Prêtre et à Consolation, aller et retour.

5e jour: } Pontarlier, source de la Loue et retour, Malbuisson,
6e jour: } Labergement, Mouthe.

7e jour: Mouthe, Foncine-le-Bas, les Planches, le Pont-de-la-Chaux, la Billaude. Champagnole.

8e jour: Champagnole, le Pont-de-la-Chaux, Ilay, Lac et village de Bonlieu, le Hérisson, St-Laurent.

9e jour: St-Laurent, Morez, les Rousses, la Dôle, la Faucille.

10e jour: La Faucille, Septmoncel, St-Claude, Lons-le-Saunier.

11e jour: Environs de Lons-le-Saunier, grottes de Baume, etc.

12e jour: Salins, le Pont du Diable, Source du Lizon, le pied du Poupet.

Imp. DODIVERS, Besançon